심리상담사가 스페인어 단어를
효율적으로 배우는 방법

수학연구사

목 차

머리말 ··· 1

I. A 부 ·· 3

II. B 부 ·· 15

III. C 부 ··· 23

IV. D 부 ·· 35

V. E 부 ··· 41

VI. F, G 부 ·· 47

VII. H 부 ··· 53

VIII. I, J 부 ·· 59

IX. L 부 ·· 65

X. M 부 ·· 69

XI. N, O 부 ·········· 75

XII. P 부 ·········· 81

XIII. Q, R, S 부 ·········· 93

XIV. T 부 ·········· 103

XV. U, V, Z 부 ·········· 109

〈 머리말 〉

모든 어원에는 뿌리가 있다

특히 어학은 역사 학문이다. 반드시 그 뿌리가 있다. 본서는 그 뿌리를 찾는 작업을 하고 그것의 결과를 보여주고 있다. 물론 그 원류에는 라틴어가 떡하니 버티고 있다만 말이다.

영어는 스페인어 배울 때도 도움이 된다

영어를 많이 알면 사실 스페인어도 상당 부분의 도움을 받을 수 있다. 특히 단어는 더욱더 그렇다. 그래서 영어에서의 쓰임의 리마인드도 신경을 썼다.

자연스러운 학습 유도

이 책의 목표는 억지로 외우지 않아도 그 어원과 용례를 찾아서 잘 외워지게 하는 것이다. 여러분들의 외국어 생활에 자신감을 줄 것이다.

오래도록 기억할 수 있는 방법이 필요하다

철저한 기억원리에 입각해서 만들었기에 오래 간다. 단기, 중기, 장기 중에서 중기나 장기기억까지 갈 수 있도록 이끈다. 그렇게 해서 단어가 충실해지면 어학공부는 거의 70%가 끝난 셈이다.

비교 언어학

스페인어를 공부하기 위해서 스페인어만 골똘히 보는 것보다는 비교 언어학으로 접근하는 게 좋다. 특히 영어와 라틴어는 물론 이거니와 프랑스와의 관련성도 따지는 게 좋은데 여러분들이 그렇게 공부할 여력이 없지 않은가? 우리 연구진이 그런 역할을 담당해 준다.

제2외국어는 아무래도 자꾸 까먹는다

단어라는 게 보고 또 보고도 또 까먹는 게 단어이다. 그래서 우리 연구진은 어떻게 하면 잘 외워질까에 대해서 정공법에 입각해서 암기 시도를 했다. 여러분들이 보다 빠르고, 보다 더 철저히 외울 수 있게 하기 위해서 말이다.

Ⅰ. A 부

A 부

☐ abarcar　[아바르까르]　1. (팔이나 손으로)품다. 꼭 끌어안다. 포용하다.
　　　　　　　　　　　　2. 포함하다

여기서 barc 부분은 원래 라틴어에서도 나오는 brac에 해당한다. 그래서 영어로 embrace 는 '포용하다' 의 의미가 된다. 그런데 스페인어 발음문제로 brac 라고 하지 않고 barc 로 바뀌게 된다. 그래서 이런 단어 형태가 나온 것이다. 본질은 같다. 'Quien mucho abarca, poco aprieta. 많이 품으려는 사람은 꽉 품을 수 없다.' 는 속담도 같이 알아두기 바란다.

☐ abogado　[아보가도]　변호사, 수호신

이 단어는 라틴어에서도 advocātus 가 되어 영어에서처럼 advocate 가 살아 있는데, 스페인어에서는 d 사운드의 탈락현상으로 d가 없어졌다.

☐ abrigo　[아브리고]　외투, 방한복

라틴어 apricari에서 나왔다고 하는데 다소 더 연구를 요한다.

☐ abuelo　[아부엘로]　할아버지

라틴어 avus 가 '할아버지'를 의미했다고 한다. 그래서 이 단어는 할아버지이고 할머니는 abuela 다. 'Criado por abuelo, nunca bueno. 할아버지에 의해 길러져서는 결코 좋은 아이가 못된다.' 는 속담도 같이 보자.

□ aburrir   [아부리르]   귀찮게 하다, 넌더리나게 하다

이 단어는 라틴어의 abhorrēre 에서 출발한다. 그런데 잘 보면 hor 가 들어있다. 그것은 바로 horror 즉 '무서움'이다. 이 단어는 그런 것에서 출발을 해서 사람을 '넌더리나게 하다'가 된다. 그런데 그 hor 부분이 스페인에 와서 ur 로 정리가 된 단어가 이것이다.

□ acabar   [아까바]   끝내다, 완수하다

'막 했어.'가 되면 acabar de 동사를 쓴다. cabar 는 라틴어로 cabo 이고, 이것은 '끝 또는 땅'이나 항구의 끝인 '곶' 의 의미를 가지며 영어에서도 '곶'은 cape를 쓴다. 그래서 이 단어는 '끝내다, 완수하다'의 의미이다.

□ aceite   [아쎄이떼]   기름(진)

원래 이 단어 자체가 올리브에서 나왔다. 올리브는 당연히 서양에서는 기름의 가장 기본으로서 사용된다. 거기서 아랍어로 올리브를 가리키는 '아쎄이떼'가 나왔다. 그래서 올리브(Aceituna), 올리브유(Aceite), 야생 올리브 나무(Acebuche) 등 스페인 언어와 포르투갈어의 올리브(Azeitona), 올리브유(Azeite) 등은 아랍어에 뿌리를 두고 있는 것이다.

□ acercar   [아쎄르까르]   가까이하다, 접근시키다

cerca 가 보통 날짜 등을 말할 때 '경'의 의미로 많이 쓰인다. 공간적 시간적으로 가깝다는 의미, 즉 영어로 치면 approach 의 의미를 가지고 가는 게 이것이다. 그래서 이 단어는 '접근하다' 의 의미를 가지고 있다.

☐ acordar [아코르다] 일치하다

명사로는 aceurdo 이다. 이 단어는 형태 자체가 영어에서의 accord 와 유사하다. 반드시 알아야 한다.' 기억나게 하다' 의 의미도 가지고 있음을 기억하라.

☐ adobe [아도베] 벽돌

이도 아라비아어에서 온 단어이다. 그래서 'aṭṭúba طوب' 라고 표현을 했다고 한다. 이 단어는 현재 컴퓨터 소프트웨어 제작회사의 이름이자, 그 회사가 출시한 프로그램의 이름으로도 쓰이고 있다.

☐ agotar [아고타르] 바닥내다

이 단어에서의 어원인 gota 또는 gutta 는 라틴어로 물방울이다. 그래서 이것은 물이 말라서 바닥을 드러냄에 대해서 표현하는 단어이다. 그래서 '탕진하다, 소진하다' 의 의미가 되고 'agotado: 바닥난, 매진된, 절판된, 극도로 지친'의 형용사 형이 되면서 'Estoy agotado [rendido] 나는 굉장히 피곤하다' 의 의미를 가지게 됨에 대해서 조심해야 한다.

☐ alcanzar [알칸자르] 따라잡다, 닿다

이 단어는 라틴어에서 incalciāre 에서 나왔다고 한다. 여기서의 calc 가 캐치에 해당하는데 그래도 좀 더 연구를 필요로 한다.

☐ almirante [알미란떼] 장군

이것은 이슬람에서 온 단어로, 여기서의 amir 는 '최고의 꼭대기'의 의미를 가지는 chief의 뜻을 가지게 된다. 그래서 이것은 chief commander 즉 장군을 의미하게 된다.

☐ almohada [알모아다] 베개

이 단어는 이슬람에서 온 단어이다. 그리고 이 단어는 almo 와 ada 가 결합이 된 단어인데 이슬람에서는 '알라' '알리바바' 처럼 '아' 나 '알' 사운드로 시작하는 단어들이 꽤 많다. 그 단어들의 결합, 즉 모음과 모음의 결합을 막기 위해서 중간에 'h' 스펠링을 넣어주었다. 그래서 이런 스펠링이 되었다.

☐ almorzar [알모자르] 점심 먹다

이 단어는 아라비아에서 온 단어 'almuerzo [알무에르쏘] 점심' 에 동사를 만들어 주는 어미 'ar' 이 붙어서 동사 '점심 먹다'의 의미가 된 형태의 단어이다.

☐ alzar [알자르] 올리다, 높이다, 들다, 건설하다

이 단어도 'alto [알토] 키가 큰' 에서와 같은 유래를 갖고 있음을 기억하자. 영어에서도 높이는 altitude 이다.

☐ ama [아마] 여자 가장

남자 가장은 따로 뭐가 없어도 표현은 el mayor 라고 한다. 그처럼 이것은 따로 여자가장을 나타내는 말이 된다.

☐ amplio [앰플리오] 넓은

영어로도 ample 이 되면 '충분한' 의 의미를 가진다. 그래서 거의 유사한 어원적 뿌리를 가진다.

☐ anillo [아니요] 반지, 고리

라틴어 anellus에서 나온 이 말은 자체가 작은 원을 의미해서 '반지'의 뜻도 가진다. 프랑스어에서도 유사하게 전개되어 'anille [anij / 아니에]' 라고 하면 넝쿨손을 의미한다고 한다. 충분히 납득이 가는 단어의 전개이다.

☐ anulacion [아눌라시옹] 취소

nul 은 '영' 또는 '제로'의 의미를 가진다. 스페인어에서 nun 도 그런 역할을 하기는 했지만 말이다. 그래서 이 단어는 '널 로 만듦' 그래서 '영으로 만듦' 그래서 '취소' 의 의미를 가지고 간다.

☐ apagar [아빠갈] 진압하다, 정지시키다

이 단어는 'a' 더하기 'pacare (calmer, pacifier)' 의 라틴어적 어원을 가

진다. 즉 paca 는 peace 의 관련어원이기도 하고 그래서 영어로도 pacify 가 되면 '잠잠하게 만들다, 진정시키다' 이다. 그래서 영어로 pacifier 가 되면 안정제 진정제가 된다.

☐ apellido   [아페지도]   성

남유럽 사람들은 이름과 성이 두 개인 경우가 많다. 특히 성과 관련해서는 첫 번째는 아버지쪽 성을, 두 번째는 엄마쪽 성을 붙인다. 그래서 아버지쪽 성은 'apellido parteno' 이고, 어머니쪽 성은 'apellido materno' 라고 한다.

☐ apretar   [아프레타]   1. (가슴에) 조이다. 조여 매다(estrechar)
                        2. (손이나 팔로) 감다. 꽉 껴안다. 부둥켜안다. 꼭 끌어안다

이 단어는 라틴어로는 'appectorāre' 에서 온 것이다. 그 말자체가 pectus 와 pecho 즉 '미끼에 의한 낚시질'이 유래가 된다. 그래서 이 단어는 '잡다' 의 의미를 기본적으로 가진다. 영어의 apprehend 등의 원류적인 내용들이 다 이런 라틴어와 이 단어를 같이 품는다. 'Quien mucho abarca, poco aprieta. 많이 품으려는 사람은 꽉 품을 수 없다.' 는 속담도 앞에서 배운 'abarcar 품다, 안다' 단어와 같이 알아두기 바란다.

☐ aprovechar   [어프로베차]   이용하다

라틴어 provecho 에서 나왔다. 이는 profit 와 같은 의미를 가진다.

☐ arroz   [아로즈] 쌀

페루 등에서 많이 먹는 디저트인 '아로스 콘 레체(Arroz con Leche)'는 쌀과 우유를 섞어서 만든 디저트를 의미한다. 이것도 원래는 아라비아에서 온 단어 'أرز ('arúzz)' 라고 한다.

☐ asfixia   [아스픽시아]   질식 (다소 어려운 의학용어)

호흡, 공기 중의 산소결핍에 의한 생명정지의 절박한 상태 또는 실제로 정지가 일어난 상태로 저산소증이 초래되는 것을 질식, asphyxia라고 한다. 그런데 이는 호흡이 안 되는 것을 심장과 연결해서 맥박이 없는 상태를 가리키는 것이다. 즉 '없다'라는 접두어 a-에 맥박이라는 그리스어 sphyxis와 상태라는 접미어 -ia가 합쳐서 된 것이다. 그런데 스페인어에서는 영어와 달리 ph 부분을 f 로 썼다.

☐ atalaya   [아딸라야]   조망대, 전망대(watchtower)

이 단어는 아랍어에서 왔다. 'al taligh' 가 '조망대'였는데 아라비아 특유의 'al' 이 없어지고 'a' 만 붙어서 이 단어 '아딸리야' 가 되었다고 한다.

☐ atasco   [아타스코]   방해물, 교통체증

이 단어는 'a' 더하기 'tasco' 이다. 그래서 tasco 는 영어에서의 '숙제. 임무' 과제에 해당하는 task 에서 어원을 같이 함이 가능하다. 그래서 이것은 '막혀있는 것, 방해물'이다. 동사로는 'atascar' 가 가능하다.

☐ aturdir [아투르디르] 얼빠지게 하다

이 단어는 좀 더 연구를 요한다. 어원은 라틴어 exturdire 에서 왔다고 한다.

☐ avanzar [아반짜르] 앞으로 나아가다, 전진하다

프랑스어에서도 전위적이고 진보적인 사람이나 작품을 가리켜 '아방가르드' 라고 한다. 거기에서 보다시피 이 단어는 앞으로의 전진, 나가는 것을 의미한다.

☐ ayer [아에르] 어제

이 단어는 라틴어에서는 adjere 에서 유래했다. 그런데 이 말은 '인접한, 연관된' 그런 의미를 가지게 된다. 그래서 어저께이다.

☐ ayuntamiento [아윤타미엔토] 시청, 복합단체

ayuntar 가 되면 '혼합하다' 의 의미가 된다. 이 단어는 어원적으로 juntar 에서 온다. junct 는 교차로 junction에서 보듯이 '혼합'을 의미한다. 그리고 miento 은 명사형을 만드는 것으로서 영어로 치면 ment 이다. 실제로 스페인어에서의 ment 는 오히려 부사형을 만드는데 쓰이는데 말이다. 그래서 이 단어는 원래 모든 것이 '복합되어 있는, 복합단체의' 의미인데 그게 '시'가 되고 '시청'이 되었다.

□ ázoe [아쏘에] 질소

이 단어를 이해하기위해서는 'azote [아쏘떼] 채찍'도 같이 알아두기를 바란다. 거기에서도 나오는 질소의 어원에 대한 이야기가 있지만, 즉 채찍으로 아라비아에서 왔다는 설도 있지만, 또한 '라브와지에'에 의한 설도 나온다. 즉 라브와지에가 쥐를 유리컵에 넣고 불을 붙였더니 쥐가 죽더라 하고 그러면 남은 공기는 생명체를 죽이는 공기라고 해서 부정의 접사 'a' 와 그리스어로 '살다' 또는 '생명'을 의미하는 zoein 을 붙여 azote 라고 불렀다는 설이 있다. 좌우지간 둘 다 질소를 어떻게든 설명해주고 있다.

□ azote [아쏘떼] 채찍

이는 아라비아 말 assáwṭ 에서 왔다고 한다. 영어에서는 이게 질소의 의미로 변함에 대해서 잘 알아야 한다. 그래서 AZOTE LIQUIDE [아조트 리키드] 라고 하면 프랑스어로는 액화 질소가 됨에 대해서 알아야 한다. 다 아라비아에서 온 단어들이다.

쉬어가는 페이지
: 이왕 태어난 거 피케티처럼은 살아야 하지 않을까

사무엘 피케티. 이왕 태어난 거 피케티처럼은 살아야 하지 않을까? 사무엘 피케티는 프랑스 경제학자다. 그런 그가 먼 타국인 우리나라의 교보문고에서, 제일 좋은 자리에, 자신의 얼굴과 책을 알린다. 적어도 우리가 지식 노동자로 태어난 이상은, 저렇게 살아봐야 하지 않을까? 늘 높은 이상과 꿈을 가져라. 노력하면 이루어진다.

Un hombre así, en el mejor lugar de la Librería Kyobo en Corea, un lejano país extranjero, anuncia su rostro y sus libros. Al menos, dado que nacimos trabajadores del conocimiento, ¿no deberíamos vivir así? Siempre ten altos ideales y sueños. Viene con esfuerzo.

Ⅱ. B 부

B 부

☐ bailar [바일라] 춤추다

ball 이나 그와 유사하게 스페인어에서 쓰이는 bail 은 '다 던지다' 즉 '몸을 던지는 춤'을 의미한다. 그에 의해서 이 단어가 나온다.

☐ baja [바하] 하락, 저하

크게 물건을 내어놓고 파는 대 시장을 '그랜드 바자' 라고 한다. 원래 바자는 '물건을 내어놓고 팔다' 의 의미를 가지고 있는데 그게 결국 세일 즉 '물건 값을 내리다' 의 의미로 바뀌게 된다. 그래서 동사로 bajar 바자르 라고 하면 '내리다' 의 의미가 된다. 그래서 이 단어는 좀 더 의미가 확대가 되면 '휴직 휴업' 그리고 운동에서는 '경기장을 내려오는 부상자'의 의미도 된다.

☐ balón [발롱] 공

이것은 프랑스어에서도 'ballon [발롱] 공, 볼' 으로 사용된다. 애드벌룬이라는 대형 풍선도 결국은 공의 형태 아니겠는가? 그래서 ballon 은 '공'의 의미다. 우리가 잘 아는 '발롱도르' 라는 상에도 이 단어가 쓰인다. 이는 축구선수 개인의 최대의 영예로 프랑스어로 'Ballon d'or' 라고 표현을 하고, 여기서 or 는 금을 뜻한다. 이 말을 해석하자면 '금의 공'이다. 한 해 최고의 활약을 펼친 축구 선수 개인에게 축구공 모양의 황금색 트로피를 주는 것이다.

□ baloncesto   [발롱세스토]   농구

농구의 영어는 basket 더하기 ball 로서의 basketball 이다. 그러나 스페인어에서는 그 구성이 역으로 되어 있다. 즉 balon 은 '공'이다. 그리고 cesto 는 case 즉 '상자' 이다. 그래서 그 구성이 반대이지만 뜻은 당연히 농구이다.

□ banda   [반다]   측면

반다는 서양어에서는 '가장자리'를 의미하는 말이다 영어에서도 band는 그런 의미를 가지고 간다. 그래서 축구나 핸드볼에서 측면 공격수를 오른쪽 측면은 '반다 데레차', 왼쪽 측면은 '반다 이스키끼에르다'라고 한다. 그것은 오른쪽은 'derecha', 왼쪽은 'izquierda'라고 부르기 때문이다.

□ bandeja   [반데하]   사발, 주발, 접시

이 단어는 banda 즉 주변 측면의 단어에서 파생이 되었다. 그래서 '옆이 넓은 접시'를 의미하는 단어이다. 스포츠에서도 'servir en Bandeja [세르비르 엔 반데하]' 라고 하면 '반데하에 서빙을 한다'는 의미이기에 '쟁반을 갖다 바치다' 의 의미가 되면서 아주 먹기 좋게 어시스트를 해서 주는 찬스를 의미하게 된다.

□ baño   [바뇨]   목욕

라틴어로서의 어원은 Balneum이다. 그래서 스페인 등의 일부 지역에 가

면, 바뇨레지오라는 이름의 동네들이 몇 있는데, 바뇨레지오(Bagnoregio) 마을의 어원은 Balneum regis에서 나왔으며, 이 단어의 뜻은 '왕의 목욕탕'이다. 그 이유는 이런 지역들이 화산과 지진이 발생하는 지방이어서 온천물이 나오기 때문이다. 즉 그 동네의 이름은 온천장이다. 그런 단어 바뇨가 바로 이 단어이다. 결국 이 단어는 bath 에서 어원을 같이 했다고 봐야 한다.

☐ Banquillo [방끼요] 벤치, 피고석, 대기석

이 말도 사이드 주변을 의미하는 bank 스페인어로서는 banco에서 유래했다. 그래서 돈을 옆에서 비축해두는 장소도 방코이다. 그래서 이것은 운동경기에서는 벤치다. 대기석을 의미한다. 본래 벤치는 은행과 동음이의어인 banco 라는 단어도 쓴다.

☐ barba [바바] 구렛나루, 턱수염 턱

이 단어는 영어 단어 beard 와 유래를 같이 한다고 봐야 한다. 거기서 넓게는 barber 나 barber shop 도 유래를 같이 한다고 봐야 한다.

☐ barco [바르코] 배

이 말도 역시 ship 에서 유래를 찾지 말아야 한다. 우리가 입항하다는 식으로 하면 embark 를 영어에서 쓴다. 그 bark 가 유래를 같이 한다. 그래서 이 단어는 배이다.

☐ barrera [바레라] 장벽

bar 는 원래 '장애물' 내지는 '장벽'을 의미한다. 그래서 높이뛰기 등에서 쓰는 막대기 벽도 바가 된다. 그래서 이 단어는 '바레'라는 운동경기에서 사람으로 쌓는 벽을 의미하는데 쓰인다.

☐ besar [베사르] 키스하다

우리가 흔히 아는 노래 '베사메 무초' 가 바로 딥 키스 의 의미를 한다.

☐ boca [보카] 입

boca는 스페인어로 '입', jarro는 '물병'을 뜻한다. 보까하로는 물병 입구다. 보까하로는 물병을 잔에 따르지 않고 곧장 벌컥벌컥 들이 마시는 상황을 뜻한다. 이게 축구에서 쓰이면, 축구 경기 상황에서는 골문과 아주 가까운 거리에서 슈팅을 때리면 이와 같은 표현을 쓴다. 바로 지근거리에 있다는 소리이다.

☐ bocadillo [보까디효] 샌드위치

bocado에서 파생된 단어이다. 그리고 이 bocado 역시도 boca 와 do 의 결합이다. do 가 붙어서 조그마한 명사 단위라는 것이 되게 된다. 그래서 bocado 가 되면, '한 모금, 한 입' 이런 의미가 된다. 그래서 과거에는 거나하게 프랑스식으로 정찬으로 먹던 것을 다 한 모금에 싸서 고기와 야채 등을 같이 섞는 샌드위치류를 생각하면 된다.

□ boda　[보다]　결혼, 결혼식

이 단어는 특이하게 b와 v 사운드가 혼동 변화를 일으킨 경우이다. 그래서 그 어원은 라틴어 vota, votos 가 있다. 이 단어는 '서약을 하다, 맹세를 하다'이다. 그래서 영어에서는 vow 또는 avow 의 흔적으로 남겨져 있다. 그래서 이 단어는 '혼인서약을 하다. 맹세를 하다'에서 유래가 되어서 '결혼'의 의미가 된다.

□ bota　[보타]　부츠, 구두, 축구화

영어나 다른 언어에서의 부츠로 표현되는 것이 보타이다. 그런데 그게 축구를 할 때를 보면, 'Botepronto [보떼브론또]' 하면 발리 슈팅이 된다. 프론토는 '재빨리 즉시'의 의미를 가지게 된다. 즉 공이 오자마자 바운드나 튀기지를 않고 바로 슛으로 연결시켜 버리는 슛이다.

□ buitre　[부이뜨레]　독수리

이 단어는 독수리라는 뜻을 가지고 있더라도 영어로 치면 eagle에서 어원을 같이 하는 게 아니라 vultur 즉 고기를 먹는 새로서의 맹금류의 독수리를 의미한다.

□ buscar　[버스카]　찾다, 탐색하다, 수색하다

우리가 흔히 아는 길거리에서 돈 통을 놓고 노래하는 busking 은 후원자를 찾는 행동이라고 봐야 한다. 그 단어와 같은 유래를 가지고 간다.

쉬어가는 페이지
: 비대면은 단지 코로나 때문만은 아니다

비대면, 언택트의 시대이다. 막 찾아오고 있고, 이미 많이 왔다. 일반 사람들은 비대면과 언택트가 부각되는 이유가 전부 코로나 때문인 것으로 관심을 두지만 그게 꼭 코로나 때문만은 아니다. 이미 우리 사회는 점점 언택트, 비대면화하고 있었다. 그것을 몰랐다면 그 사람만 문제다. 무인기 드론은 왜 등장했을까? 즉 그런 '무인'의 문제만 생각해도, 바로 비대면, 언택트는 연결이 되어야 하는 게 이 시대를 살면서 선구자, 선각자로 사는 태도이다. 그것을 모르면 사업을 해도 실패를 하고, 투자를 해도 돈을 벌지 못한다.

¿Por qué aparecieron los drones? En otras palabras, incluso si solo pensamos en el problema de los "no tripulados", es la actitud de vivir como pionero y pionero en esta era que el no-contacto cara a cara debe estar conectado. Si no lo sabe, fracasará incluso si hace negocios y no ganará dinero incluso si invierte.

Ⅲ. C 부

C 부

□ cabeza [카베사] 머리

영어로 cap 은 모자이고 수도는 capital 이다. 그래서 Cabezazo [까베싸소]는 머리로 하는 슈팅을 의미한다. 동사로는 'Cabacear [까베세아르]'다.

□ cabra [카브라] 산양(山羊)

산양의 영어 단어는 Cape이다. 이는 머리[cape]로 들이 박고 변덕이 심한 산양의 특성으로 '변덕이 심한'이란 Capricious라는 영어단어의 어원이기도 하다.

□ cada [까다] 각각의

이는 라틴어 cata에서 유래한다. 좀 더 개별적인 연구를 요하는 단어이다.

□ calentar [칼란따르] 데우다

영어로 칼로리 즉 calorie 도 결국에는 열량이라는 말이다. 즉 음식물을 섭취해서 그게 데워지는 것을 나타내는 것이다. 그래서 이 단어는 어원이 라틴어 calens에서 나왔다. 그래서 칼란따르 가 되면 데우다 의 의미를 가지는 단어가 된다.. 운동경기에서 Calentamiento [깔렌따미엔또] 가 되면 몸풀기가 된다. 즉 워밍업이다.

□ calle [깔레] 길

이 단어는 어원적으로 프랑스어 carre 와 유사성을 가진다. 여기서 carre 는 주로 '교차로' 정도의 뜻으로 많이 쓰인다. 과거에 우리나라에 진출했다가 홈플러스로 흡수된 프랑스의 대형마트 까르푸는 '교차로'의 의미를 가진다.

□ cama [까마] 침대, 침실

다소 불확실하지만 카메라 즉 camera 는 사진기 안에 어두운 공간 또는 사진을 현상하는 암실의 개념을 갖는다. 그래서 cama는 방 즉 침실을 말한다.

□ cambio [깜비오] 변화, 변경, 변동, 교체, 교환, 잔돈

영어에서도 교환이나 교체를 나타내는 단어는 change 가 있고 charge 가 있다. 이 단어는 바로 후자 해당하는 즉 charge 에 해당하는 단어라고 볼 수 있다. 그래서 이 말은 의미를 확장해서 거스름돈, 잔돈의 의미도 가지게 된다.

□ caminar [카미나] 걷다

이 단어는 길을 의미하는 단어인 camino 에서 파생이 되어서 나오는 단어이다.

□ camino [카미노] 길

'카미노 데 산티아고(Camino de Santiago)'는 그 유명한 '순례자의 길'이다. 프랑스어에서도 'chemin [ʃ(ə)mɛ̃ / 셔므와] 길' 이라고 하면, 'tous chemins vont à Rome' '모든 길은 로마로 통한다.' 라는 말도 잘 알려져 있다. 이 단어가 스페인어에서는 camino이다. 영어에서도 camino real 이라고 하면 지선도로 간선도로를 같이 부르는 말이다. 또한 여기서 나온 cheminée 는 벽난로이고, 그래서 굴뚝길이 영어로 chimney이다.

□ camisa [까미사] 와이셔츠, 셔츠

cămísĭa 라고 하면 라틴어로 아마포로 만든 옷을 의미한다고 한다. 그 말은 실크나 무명과 같은 소재가 아니라 통풍이 잘되는 옷의 의미를 가진다. 그래서 이 말 까미사도 그런 식으로 만들어진 셔츠를 의미한다.

□ campo [깜포] 경기장, 필드

원래 라틴어에서도 campus 는 들판을 의미한다. 그러니 그에 유래한 이 단어 깜포는 경기장 필드이다. 말 그대로 막힌 실내 공간이 아닌 탁 트인 곳을 의미한다.

□ caño [까뇨] (짧은) 관, 배수관

이 말은 배수관, 하수도 이다. 그런데 이게 축구 등에서는 알 까는 볼 즉 가랑이 사이로 빠지는 공에 대한 서술이라고 한다.

☐ cantera [칸테라] 1. 채석장
                    2. (어떤 사람을 나타내는) 재능, 재주, 재간, 솜씨, 능력

라틴어에서의 cantus에서 이 단어는 나온다. 사실 더 근원적으로는 canto 가 어원이다. '돌'의 의미이다. 원래 라틴어 cantus 는 두 가지 뜻이 있다. 하나는 노래의 의미이고, 또 하나는 돌의 의미가 있다. 그래서 이 단어 칸테라는 '돈을 캐는 장소'의 의미를 가지면서 그 사람의 (잠재적) 능력을 의미하게 된다.

☐ caracol [까라콜] 달팽이

엘 카라콜(El Caracol)이라고 하면 '마야의 천문대'를 의미하기도 하고, 나선형의 계단을 말하기도 한다고 한다. 다 달팽이의 모양이다.

☐ carrera [까레라] 경주

유명스포츠카 이름에도 이 까레라 라는 말이 브랜드명으로도 나오지만, 이 말의 의미는 경주이다. 원래 라틴어로 carro에서 나온 단어인데, 이 말 자체가 마차이고 그래서 자연스럽게 자동차는 car 가 된 것이다. 따라서 이는 마차나 차를 이용한 경주를 의미한다.

☐ carril [까릴] 차선, 철도

아무래도 카의 어원이 마차이다 보니 확장되어 나온 단어이다. 철도의 의미를 가지기도 하고 차선의 의미가 되기도 한다.

□ cartulina [카뚤리나] 두꺼운 종이

카드에서 유래한 carte 는 그냥 종이가 아니라 카드를 만들 수 있는 두꺼운 종이를 의미한다. 그래서 cartulina amarillo 는 옐로우 카드이다.

□ casar [카사르] 결혼하다

casa 가 '집' 이기에 이 단어는 '집을 만들다, 가정을 꾸리다' 가 되어서 '결혼하다' 의 의미가 된다.

□ castigar [카스티가] 징벌하다

영어에서도 castigate 라고 하면 '벌하다'라는 말이 된다. 이 단어도 그 뿌리를 같이 한다. 축구에서 페널티 킥 즉 골문 앞에서의 중대한 파울로 내리는 반칙골을 주는 페널티에리어라인을 a'rea de casigo 이라고 한다. 우리말로 고치면 징벌의 라인 정도가 되는 셈이다.

□ ceder [쎄더] 양보하다

이것의 명사형인 cesión의 암기를 참조하라.

□ cenar [세나르] 저녁을 먹다

이 단어의 어원에 대해서도 다소 연구를 요한다.

☐ cerrar [쎄라르] 닫다(close)

'쎄라드 커피' 라고 하면 cerrado Coffee 라고 쓰는데 앞 단어는 바로 이 단어 cerrar 의 과거분사형이다. 그래서 이것은 닫힌 지방 즉 브라질의 아주 폐쇄된 열대 지역에서 자란 커피 품종을 말한다. 또한 'cerrar [쎄라] 닫다' 관련해서 'En un abrir y cerrar de ojos, 눈 뜨고 감는 동안 / 눈 깜짝할 사이에' 라는 숙어에서 보다시피 이 단어는 '닫다' 의 의미를 가지고 있다.

☐ cerveza [세르베자] 맥주

이 단어는 라틴어인 '세레비지에 (Cervisiae)'와 '세레비사스 (Cervisas)에서 유래되었다고 한다. 이 단어들이 파생되어 '세르베사 (Cerveza)' 라는 명칭 되었는데 이 명칭은 로마 신화에 등장하는 곡물의 여신이자 풍작의 여신인 '케레스 (Ceres)'에서 유래되었다고 한다. 이 '케레스'는 그리스 신화와 영어에서는 '데메테르'라고 불린다. 즉 이것 cerveza는 곡식주인 셈이다. 잘 생각해보면 과일로 빚은 와인과 같은 과실주가 있고 곡물로 빚은 막걸리 같은 곡식주가 있다.

☐ cesión [쎄숀] 양도, 양여, 임대

영어에서도 이 단어 cession 을 그대로 쓰면 바로 '전달하다, 양도하다' 의 의미를 가지게 된다. 그래서 스포츠 계에서는 이 단어를 쓰면 선수의 '트레이드나 임대'의 개념이 된다. 또한 운동에서 공을 짧게 주고받는 쇼트 패스의 의미도 있다.

□ césped [세스페드] 잔디

이는 어원이 다소 불분명하지만 지금까지의 연구를 종합하면 ce(s) 는 '진행'이다. 그래서 프로세스가 여기서 나온다. 그리고 sped 는 라틴어 어원에서 spe(cis) 즉 종을 의미한다. 그래서 식물의 종중에서도 쭉 쭉 자라라는 종으로서의 잔디의 의미를 가지고 있다.

□ cola [꼴라] (동물의) 꼬리

'colista [꼴리스타] 꼴찌' 와도 연관해서 외우기 바란다. 그런데 축구에서 cola de vaca 라고 하면 '소의 꼬리'라는 의미가 되어서 몸을 완전히 회전해서 차는 슛을 의미한다고 한다.

□ colista [꼴리스타] 꼴찌

'cola (동물의) 꼬리' 와도 연관해서 외우기 바란다.

□ comer [꼬메르] 먹다, 먹어치우다

comodity 라고 하면 일상용품이라는 뜻의 영어인데, cómĕdo 라는 라틴어 어원이 '먹고 살기 위해서 먹다'는 일상 생활성을 나타내는 것이다. 그래서 이 단어는 '먹다' 의 의미를 가진다. 관용적 표현으로서 'comiendo moscas 파리를 먹다'고 하면 파리의 동작에 비유해서 '화제집중이 되지 않고 이리 저리 휘젓는 이야기로 간다'는 의미를 가진다. 또한 Comedor [코메도]가 되면 저녁을 먹는 곳이라는 dining room 의 의미를 가진다.

□ codo [꼬도]   팔꿈치, 관절

라틴어 cubitus: 에서 왔다. 이 단어는 '팔꿈치, 눕다'의 의미를 가진다. 로마인이 취하는 편안한 자세는 팔꿈치를 베고 비스듬히 눕는 것이었다. 그래서 두 개의 유래가 같다. 그 단어가 스페인식으로 변한 것이 꼬도이다.

□ colegiado [꼴레띠아도]   조합에 가입한, 연맹의

co 는 함께의 의미가 당연하고 leg 는 연합체를 의미한다. 그래서 이 단어는 원래 연합에 들어간 상태 또는 노조에 가입한 상태 등을 말한다. 축구나 배구 등에서는 심판이 주심을 포함한 선심의 세 명으로 구성이 되어 있다. tribunal colegiado 라고 그것을 부르게 된다. 재판에서도 보통은 합의제를 하면 세 명이 심판을 서게 된다.

□ colgar [꼴가르]   걸다, 놓다

colocar의 암기 설명과 같이 본다. 이 단어 colgar 의 라틴어적 어원이 colocar이고 이 단어는 스페인어에서도 그대로 내려오고 있다. 그래서 colgar와 colocar 둘 다 '놓다 걸다' 즉 영어로 치면 put 이나 hang 의 의미를 가지고 있다. 그래서 스포츠에서 colgar las botas 라고 하면 '운동화를 걸다'의 의미가 되니까 '은퇴하다'의 의미를 가지고 간다.

□ colocar [꼴로가르]   걸다, 놓다

colgar 암기 설명과 같이 본다.

□ correr [코레르] 달리다

이 단어는 라틴어 어원 currere 에서 나왔다. 이것은 전류의 의미를 가지는 current 에서도 보다시피 달린다는 의미를 가지게 된다.

□ cortar [코따르] 자르다

원래 curt 하면 영어에서도 '잘라진 간결한' 의 의미를 가진다. 그래서 이 단어도 그러한 어원적 뿌리에서 나온다. 즉 cort 가 curt 의 의미로 쓰인 것이다. 스포츠에서 이 단어를 쓰면 '상대의 패스를 끊다' 의 의미를 가진다.

□ crecer [크레서] 자라다

이 단어는 increase 와 같은 식의 변화를 나타내는 단어이다. 다만 '믿다' 의미를 가지는 creer 크레어(cre 는 믿음이나 신조) 와는 구별이 되어야 한다.

□ cuarto [꾸아르토] 4분의 1의, 네 번째의

'네 번째의, 4분의 1의'을 의미하여 스포츠에서 준준결승의 의미가 된다. 즉, 쿼터파이널의 의미를 가지고 간다. 파이날은 결승, 세미파이널은 준결승, 쿼터파이널은 파이널이 4번 있는 것이니 8명이 다투는 준준결승이 된다.

□ cucaracha [쿠카라차] 바퀴벌레

노래로도 유명한 '라쿠카라차'는 스페인어로 이 단어가 바로 '바퀴벌레'이다. 영어로도 바퀴벌레를 나타내는 단어는 'Cockroach'이니 그 유추가 음성적으로 가능하다.

□ cuchara [꾸차라] 숟가락, 삽

축구에서의 로빙슛을 생각하면 된다. 숟가락으로 음식을 떠먹는 모양을 닮아서 '로빙 슈팅'을 꾸차라라고 표현한다. 상대 수비수 혹은 골키퍼의 키를 넘겨 시도되는 킥이라는 점에서 '모자(sombrero)'라 불리기도 한다. 모자처럼 불룩하다는 의미를 가지게 된다.

□ cumpleaños [콤플레아뇨스] 생일

cumple y años cumplir 컴플리어는 '(책임이나 의무 등을) 완수하다. 수행하다'의 의미이다. año 는 '년' 의 의미이다. 그래서 annual 은 '년'의 의미이다.

Ⅳ. D 부

D 부

☐ dar [달] 주다, 기부하다, 공급하다

이 단어는 워낙 기본적인 단어이다. 영어에서 비교해보자면 do 의 어감도 가지고 있다. dar un baño [달 언 바뇨] 라고 하면 '압승을 거두다'라는 의미가 된다.

☐ deber [데베르] (+inf.부정법) …해야 한다. …하지 않으면 안 된다

이는 빚이라는 의미의 debt 에서 유래했기에 의무성을 가지고 있는 단어이다.

☐ decir [데씨르] 말하다

이 단어는 라틴어 dicĕre에서 유래했다. 영어에서도 dict 가 '말'의 의미이면서 dictionary 가 '사전'이듯이, dict 은 말의 의미를 가지는데 이게 스페인어로 오면서, dic 이 dec 으로 변했다. '에' 사운드를 좋아하는 스페인어 경향에 비춰서 그것을 반영한다.

☐ delgado [델가도] 살이 빠진, 여윈

adelgazar 라고 하면 비슷한 어원적 뿌리를 갖는 단어로서 '살을 빼다' 의 의미를 가진다.

□ deporte [데뽀르떼] 운동, 스포츠

말 그대로 sports 이다.

□ derribar [데리바르] 넘어 뜨리다

이 말은 원래 '넘어뜨리다 붕괴 시키다' 의 의미를 가지는데 역전으로 뒤집을 때도 운동에서는 이 표현을 쓴다.

□ derrotar [데로따] (재산을) 낭비하다, (가구를) 파괴하다, 부수다

스포츠에서 이 단어는 '패배시키다' 의 의미를 가진다. 명사로서 derrota 가 되면 영어에서의 defeat 즉 '패퇴'의 의미가 된다.

□ desayunar [데사유나] 아침을 먹다

des- y ayunar 형태이다. 원래 ayunar 는 '금식하다' 의 의미로 반대의 의미를 가지는 dis/des 가 붙어서, 아침을 간단히 먹는 것을 의미한다.

□ descanso [데스깐소] 휴식, 중간의 쉼

cansar 라는 동사가 '사람을 피곤하게 만들다' 의 의미를 가지고 간다. 거기에 des 가 결합한 형태이고 그래서 경기가 다 끝나고의 연장전을 들어가기 위한 휴식을 이것으로 부른다.

☐ desde [데즈테]   에서부터 ..으로부터

de 는 '아래'의 의미를 가지는데 de 가 두 개 붙은 형태의 단어이다.

☐ desear [데세아르] 원하다, 바라다, 소망하다

이 단어는 말 그대로 desire 이다. 이게 변형형태가 되면 이 desear 가 생각이 안날수도 있기에 조심을 해야 한다.

☐ despejar [데스페하르] 걷어내다, 쓸어내다

이 말은 포르투갈어에서 왔다고 한다.

☐ detrás [데트라스] (장소의 부사) 뒤에, 뒤에서, 배후에

이 말은 de 더하기 tras 의 결합이다. de 는 유럽 공통어로 '뒤, 후퇴, 아래' 의 의미를 가지고, trás 는 라틴어나 유럽어의 trans 가 스페인어 개념으로 바뀐 것이다. 그래서 이 단어는 '뒤로, 뒤에서' 의 의미를 가진다.

☐ diciembre [디시엠브레] 12월

이 단어는 영어의 December 이고 이는 10진법의 deci 가 써진 대로 10번째 달의 의미이다. 라틴어 December [데켐벨/더컴벌]에서 왔는데 이 단어는 라틴어로 10을 뜻하는 decem에서 왔다. 이렇게 되면 이 달은 로마력에서 열 번째 달이자 마지막 달이다.

☐ dinero [디네로] 현금, 돈

이 단어는 라틴어 어원 denarius ("denario")에서 유래한다. 이 단어 [데나리우스]는 바로 로마의 돈의 단위였다.

☐ disparo [디스파로] 발사, 사격

강력한 슛팅도 이런 표현을 쓴다.

☐ doblar [도블라] 두 배로 하다, (재귀적으로) 꺾다

두 배가 되면 자연스럽게 접고 꺾고 해서 이 두 가지 뜻이 나오는 듯하다.

☐ doler [돌레르] (아픈 부위가 주어) 아프다,
                (사물이 주어) 마음 아프게 하다

영어에서도 dole 은 '슬픔, 비탄' 의 의미를 가지고 있다. 그래서 거기서 유래한 doler 는 '아프다, 아프게 하다' 의미를 가진다.

☐ domingo [도밍고] 일요일

영어에서는 일요일은 Sunday 라고 하지만 남유럽 라틴계 표현에서는 더욱 더 기독교적이다. 그래서 이 날은 신의 날 즉 'lord'즉 왕 또는 신이라는 의미의 dominus 라는 라틴어에서 유래한 도밍고를 쓴다. 말 그대로 신의 날이다. 그래서 교회를 가라는 것이다. 그들의 말이다.

□ dormir [도미르] 자다

dorm 은 전통적으로 서양어에서 '잔다' 의 의미를 가지게 된다. 그래서 잠을 자는 곳은 영어로도 도미토리이다.

□ dorsal [도르쌀] 등의, 백넘버의

영어에서도 이 단어는 존재한다. 이는 라틴어 dorsum (back)의 파생어이다. 반대편의 복부 배는 abdómen 이라고 한다. 그래서 이 단어는 스포츠에서는 백넘버의 의미를 가지고 있다.

□ duchar [두챠르] 흠뻑 젖게 하다. 샤워시키다

이 단어의 어원에 대해서도 다소 연구를 요한다.

V. E 부

E 부

☐ eje [에헤] 축

영어에서도 축은 axis를 쓰고 라틴어도 그런데, 스페인어는 그들 발음대로 하다 보니, 특히 x를 잘 쓰지 않다 보니, 그들 식으로 이 단어를 제시한다. 이 단어는 축으로서 무슨 일을 하던 중심이 되고 주인공이 되는 사람을 뜻하기도 한다. 과거 부시 대통령이 북한을 악의 축이라고 표현하기도 했다.

☐ empatar [엠빠따르] 동점이 되다

이 단어는 스페인 사람들이 말을 하면서 '그럼 됐어' 라는 식으로, 우리말로 치면 '쌤쌤이' 라고 할 때 많이 쓰인다. 그때는 명사형인 empata 가 쓰인다. 예를 들어서 'El que peca y reza, empata [엘 께 뻬까 이 레싸 엠빠따] 죄를 지었어도 기도했으니 됐어.' 같은 식이다.

☐ empresa [엠쁘레사] 회사

이것의 유래를 company에서 찾으려고 하면 쉽지 않다. 오히려 이 단어의 어원은 사업을 의미하는 enterprise 에서 찾으면 된다.

☐ encajar [엔카하] 끼워 넣다, 집어넣다

caja 는 상자의 의미이다. 그래서 '끼워 넣다'가 된다. 축구나 하키에서 encajar un gol 이라고 하면, '골을 먹다, 실점을 하다' 의 의미로 쓰인다.

□ Encantado [엔칸타도] 만나 뵙게 되어 반갑습니다

encantar는 '매혹시키다'라는 의미를 가지는 단어의 수동적 과거 분사형이 바로 이 단어이다. 그래서 '만나서 뿅 갔다'의 의미를 가지고 있다.

□ encantar [엔칸타르] 매혹시키다

매혹을 노래나 주술로 하는 것에서 나오는 단어이다.

□ encerrar [엔세라] 감금되다, 갇히다

이 단어의 어원은 좀 더 연구를 요한다.

□ enero [에네로] 1월

이 단어의 어원인 영어 January 는 라틴어 Ianuarius [야누아리우스]에서 왔다. 이 단어는 로마 고유의 문지기신이자 두 얼굴의 사나이인 Iānus [야누스]에서 왔다. Iānus는 문간, 출입구를 뜻하는 라틴어 iānus [야누스]에서 왔다. 따라서 January는 '야누스의 달, 문의 달'로 해석할 수 있다. 한해를 시작하니까 당연히 문이 될 것이고 말이다. 음성적으로 라틴어의 그런 a 와 a 의 반복이 스페인어에서는 e 와 e 의 반복으로 연결이 된다.

□ enfadar [엔파다] 화나게 하다

enfado 화에서 유래했다. 좀 더 어원적 연구를 요한다.

☐ engordar [엔고르다] 살이 찌다

gorda/gordo 는 '지방, 비계, 돼지' 의 의미를 가지고 있다. 그래서 El gordo 라고 하면 누적식으로 커지는 세계 최대의 복권을 의미한다.

☐ enseñar [엔세냐르] 가르치다

insignare 라는 라틴어에서 이 단어는 유래가 출발한다. 라틴어는 sign 즉 '지정하다. 지시하다' 의미에서 출발한다.

☐ entrada [엔트라다] 입장권

여기서 entra 은 영어로는 enter 의 의미를 가진다.

☐ entrenador [엔트레나도] 트레이너, 코치

tren 은 영어에서의 훈련을 의미하는 train 의 의미로 보면 된다. 그래서 이 단어는 트레이너 코치의 의미로 쓰인다.

☐ escoba [에스코바] 비, 빗자루

축구 등의 스포츠에서 escoba 라고 하면 공이 오면 바로 쓸어버리는 영어로 치면 swiper 를 의미한다. 그래서 빗자루이다. 다 쓸어버리는 사람이다.

☐ espacios [에스파시오스] 공간

앞서 'achicar [아치카] 줄이다'를 소개할 때도 'achique de espacios'라는 말을 살펴 보았다. 이 말은 '공간을 아주 축소하다'의 의미를 가지게 된다. 그래서 농구나 축구에서의 밀착방어 질식 수비를 의미하게 된다.

☐ espalda [에스빨다] (신체에서의) 등

이는 라틴어 spatŭla에서 유래한다. 등은 넓적하니까 이 단어는 space하고도 어원을 같이 한다.

☐ espectador [에스뻭따도르] 관람객

espectador는 말 그대로 영어로 spectator 이다. '관람객 구경꾼'이다. 스페인어 식으로 앞에 e를 붙였다.

☐ estilo [에스띨로] 스타일

말 그대로 스타일에 스페인어 식대로 e를 붙였다.

☐ estreno [에스뜨레노] 시작

'시작'의 의미를 가지는 단어이면서 스포츠에서는 '선수의 첫 데뷔'를 의미한다. 그리고 세뱃돈을 스페인 일부 지방에서는 에스뜨레노라고 부른다.

□ exento [엑센토] 면제된

동사로는 exentar 가 쓰인다. 이 단어가 운동경기 특히 테니스 등에서는 시드를 배정받아서 예선이 면제된 그런 의미로도 쓰인다.

□ expulsar [엑스풀사] 내쫓다

pulse 는 움직임을 의미한다. 그래서 이 단어는 밖으로의 움직임이고 스포츠 경기에서 expulsion [엑스풀시온]은 '퇴장'을 의미한다.

□ extranjero [익스트란세로] 외국의, 외계의

이 단어는 estrange에서 그 어원을 찾으면 된다.

Ⅵ. F, G 부

F 부

□ febrero [페브레로] 2월

영어 2월의 February 는 라틴어 Februārius [페브루아리우스]에서 왔다. 이 단어는 정화를 뜻하는 februum에서 왔다. 당시 로마에서는 이 달이 되면, 죄를 씻는 정화 예식을 행했는데, 그 행사 이름이 Februa [페브루아]이다. 그에 따라서 2월도 이런 이름을 가지게 되었다. febrera 는 물이 흐르는 수도관을 의미하는 단어로도 쓰인다.

□ fecha [페차] 날짜

fecha limite primo uso 라고 하면 '이것이 효력을 발휘하려면 첫 사용을 정해진 날짜 언제까지는 해야 한다'는 의미로 이야기를 하는 표현이다.

□ fichar [피차르] 기입하다

원래 이 말은 양식에 기입을 하는 것을 의미하는데, 그에 유래해서 스포츠나 엔터에서는 '계약하다'의 의미로 쓰인다.

□ fila [필라] 줄, 열

자식이 filial 로 표현되는 것처럼, 자식을 '직계자손'이라고 표현하듯이 이 단어 줄 과 열에서 유래가 된다고 봐야 한다.

□ filial [필리알] 1. 형용사 자식의 2. 계열의 3. 자회사, 계열 회사

프랑스어에서도 아들이나 자식은 'fils [fis / 삐스] 아들'로 표현한다. 그래서 fill 은 유럽어에서는 '자식'의 의미를 가진다. 스포츠에서는 이 단어를 쓰면 그것은 2군을 의미한다.

□ firmar [피르마] 서명하다, 조인하다

firm 은 '확실한, 단단한'의 의미를 서양어에서 가지는데, 불확실한 계약에서 서명을 통해서 그 의미를 공고히 한다는 의미를 가지게 된다.

□ fuego [푸에고] 불

이 단어는 fire 의 의미를 가지지만 그 유래를 좀 제대로 알 필요가 있다. 우리가 돋보기로 초점을 맞추면 거기서 불이 일어난다. 그게 바로 focu 내지는 fogi 이다. 거기서 유래한 게 바로 이 단어이다.

□ fuera [퓨에라] 1. 부사 (…의) 밖에[에서, 으로]
                2. (선 바깥) 아웃, 파울, 오프사이드

이 말은 원래 광범위한 의미에서의 foul 이다. 축구에서는 이 말 자체로도 오프사이드의 의미로도 쓰이지만 정식으로 fuera de juego 라고 하면 그 말이 정식의 오프사이드를 의미한다. 즉 경기의 파울이다. 또한 슛을 한 것이 밖으로 벗어날 때에도 이런 표현을 쓴다. 그리고 경기에서 홈과 어웨이가 있듯이 적지에서 치르는 경기도 이 표현 퓨에라를 쓴다. 정확하게는 fuera de casa 라고 하면 어웨이 경기를 의미한다.

G 부

□ ganar [가나르] 이기다

영어에서도 garner 가 되면 '획득하다' 의 의미를 가지고 있다. 그 단어와 어원적 뿌리를 같이 한다.

□ garganta [가르간타] 목

Garganta del Diablo 즉 악마의 목구멍이라고 하면, 이구아수 폭포에서 가장 정점에 있는 가장 백미인 곳이다. 우리가 목을 적시는 것도 gargle 이라고 하는 것도 비슷한 유래로 봐야 한다.

□ gancho [간초] 갈고리

이 단어가 갈고리이다 보니 enganchar [엔간차] 라고 하면 중간에서 갈고리로 잠그듯이 잠그는 것을 의미하고 그것을 축구 등의 스포츠에서는 중원에서 수비와 공격을 같이 하는 미드필더를 하는 선수를 의미한다.

□ gerente [게렌테] 지배인, 지점장, 관리 책임자, 경영자,
　　　　　　　　　　(유한 회사나 합명 회사의) 중역

이 단어는 라틴어 gerere(llevar)에서 유래했고 그 단어는 또한 기본 라틴어 동사 gĕro 에서 왔다. 'gĕro [게로]'는 라틴어로 '몸에 지닌다, 수행하다' 의 의미이기에, 이 단어는 일을 수행하는 책임자의 의미를 가진다.

☐ golpe [골페] 타격

이 단어를 외우기 위해서는 스포츠에서 잘 쓰이는 Contragolpe [꼰뜨라골페] 라는 단어를 외워보자. 이는 역습이라는 뜻이다. Contra는 '~에 반하여'라는 뜻을 담고 있다. 상대 공격에 대항하여 공격 가한다는 의미를 그대로다. 영어 '카운터어택'에 대응하는 단어다. 그래서 '골페(golpe)'는 타격이라는 뜻이다. 골프의 어원설 중에서도 이 단어가 어원이 된다는 설도 있다.

☐ gozar [고사르] 향유하다

이 단어는 즐거움 gozo 가 어원이 된다. 이것은 라틴어 gaudium에서 왔다. 영어에서 게이라고 불리는 단어 gay 는 동성애자의 의미도 있지만 '유쾌한 즐거운'의 의미도 같이 가지고 있는데 그 단어도 바로 이 gaudium에서 유래가 된 것이다.

☐ gritar [그리딸] 평상시보다 더 많은 소리를 지르다 외치다.
                    소리치다. 소리를 크게 지르다

우리나라 보이그룹 엑소의 노래 '으르렁 으르렁'처럼 그르렁 하면 의성어로 '외치다' 의 의미를 가진다. 그처럼 이 단어는 의성어에서 나온 단어이다.

쉬어가는 페이지
: 예문집에 기반한 활용단어장의 제작 필요성

우리 연구진이 여러분들에게 우리나라에서, 아니 세상에서 가장 풍부하게 어원과 용례를 활용해서 철저하게 암기하게 해드리니 여러분들은 자기 주관, 선호에 기한 스스로의 예문집과 그에 기반한 자기 활용단어장을 만들어서 철저히 자기 것으로 만들어야 한다. 그러면 해당어학은 끝이 보인다.

Ⅶ. H 부

H 부

☐ hablar [아블라] 말하다, 서로 상의하다

이 단어는 라틴어 fablar에서 나온 단어이다. 그런데 이게 바로 우리가 잘 아는 이야기 또는 우화의 의미를 가지는 fable 이다.

☐ hacer [아세르] 만들다

이 단어는 라틴어 facere에서 유래했는데, 스페인어에서는 f 가 h 로 변하는 현상이 나타났다. factory에서 나오는 그 fact 가 여기서 나온다.

☐ hacha [아차] 도끼

영어에서도 도끼는 hatchet 이다. 같은 어원을 가지고 간다.

☐ hasta [아스따] ..까지

'내일까지 만나자'라고 하면, '그러면 내일 봐요' 같은 식의 논리가 된다.

☐ helado [엘라도] 얼려진, 얼려진 음식, 아이스크림

라틴어 gelare에서 나온 단어이다. 알다시피 어떤 물질이 젤 상태가 되면, 그것은 고체의 덩어리를 이룬다. 졸 상태가 되면 액체가 되고 말이다. 그래

서 이 단어 젤에서 나온 것이다. 거기에다가, 우리가 주변에 보면 이탈리아에서 많이 파는 젤라또 같은 형식의 아이스크림을 많이 본다. 그 유래가 된 단어가 바로 엘라도 이다. 그래서 아이스크림 그것도 딱딱한 얼음 상태가 아닌 젤 상태의 아이스크림이다.

□ hermano [에르마노] 형, 오빠, 남동생, 누이, 형제, 수녀

이 말은 라틴어로 어원이 germānus 이다. 이것은 영어에서도 germane[저메인] 이라고 하면, 태생의 오리지날의 이라는 것의 의미를 가진다. 거기서 g 스펠링이 h 로 스페인어답게 바꿔진 게 이것이다.

□ hermoso [에르모조] 예쁜

이 단어는 라틴어에서 formōsus에서 왔다. 그것은 fōrma 와 -ōsus가 붙은 것이다. 그래서 폼이 잡힌 이런 의미가 되고, 스페인어에서 f 사운드가 h 사운드로 변하여 이 단어로 변화했다.

□ higado [이가도] 간

이 단어는 그리스어 hepat가 híga 로 변하고 do가 붙어서 '간'이 된다.

□ hinchar [인차] 1. (물건을) 부풀리다. 부풀게 하다.
                  2. 부어오르게 하다 3. 운동 팀을 열심히 응원하다

이 단어는 기본 뜻이 확장되어 '응원하다' 의 의미를 가지게 되고 hincha [인차] 는 그대로 '응원단 서포터'이다. 관련숙어로 'hichar las narices 비위를 거스르다. 성질나게 하다.' 가 있다. 이 말의 예문으로는 'Eso tío me hincha las narices. 그 애는 내 비위를 거슬러.'를 들 수 있다.

□ hueco [우에코] 공간

우에코는 '텅 빈' 의 의미로도 쓰이는 식으로의 공간적 개념이라서 다른 공간의 개념인 espacios 와는 구별이 되어야 한다. 후자는 좀 더 구체적인 공간의 개념이고 전자는 다소 일반적인 공간의 개념으로 작용한다.

□ hueso [우에소] 뼈

이 단어는 어원적으로 라틴어 Osteo-에서 왔다. 그래서 뼈를 튼튼히 하는 약 오스칼 같은 게 여기에 같이 유래한다.

□ huésped [웨스펜] 1. 하숙인, 하숙 손님 2. 숙박인, 숙박 손님
                    3. 여인숙 주인, 객줏집 주인

이 단어는 묘하게도 손님이라는 의미와 주인의 의미를 동시에 가지고 있다. 그 유래는 라틴어 hospitem, hospes 라는 '돌보다'는 단어에서 나왔다. 그래서 돌봐주는 주인, 돌봄을 당하는 손님 모두에게 다 해당이 된다.

쉬어가는 페이지
: f 사운드의 h로의 변신

스페인어의 아주 강력한 특징 중의 하나는 f 사운드의 h 로의 변신이다. 그것을 통해서, 그들의 구강구조 등을 만족하는지 몰라도, 다른 유럽어나 영어에서 f 로 표현하는 것들이 이들에게는 h 로 적고 h 로 발음하거나 아니면 아예 묵음으로 발음되거나 한다. 대표적인 예가 'hacer [아세르] 만들다' 동사이다.

VIII. I, J 부

I 부

☐ iglesia [이글레시아] 교회

이 단어 이글레시아는 영어에도 있는 단어 ecclesia(천상의 세계)와 어원적 뿌리를 같이 한다. 이 단어들은 라틴어 명사 ecclesia에서 나온다.

☐ internar [인터나] 1. 내부에 들이다. 오지(奧地)로 보내다 2. (병원 등에) 수용하다. 입원시키다 ~se형 3. 깊숙이 들어가다

inter 는 만국 공통의 '안으로'의 의미를 가지는 어근이다. 거기에 nar 는 naver 등에서 보다시피 '항해하다 전진하다' 의미를 가진다. 그래서 스포츠에서는 '속공을 펼친다' 의 의미로도 쓰인다.

☐ ir [이르] 가다

'어디로 가다' 의 의미를 가지는 가장 기본적인 동사이다. 영어로 치면 go 다. 그러다 보니 파생어도 중요하다. ido[이도] 가 되면, 형용사로 '간, 가버린, (사람이) 머리가 돈' 그런 의미를 가지게 된다. ida 가 되면 스포츠에서는 홈엔어웨이로 시작한 첫 경기를 의미하는 단어로 쓰인다.

J 부

☐ jarro [하로] 물병

jar 라고 하면 우리나라에서도 옛날에 보온물통을 이야기 했다. jar 는 도자기 물통이라는 의미다. 거기서 bocajarro 라는 단어 내지는 표현이 나오게 된다. boca 는 스페인어로 입, jarro 는 물병을 뜻한다. 보까하로는 물병 입구다. 보까하로는 물병을 잔에 따르지 않고 곧장 벌컥벌컥 들이 마시는 상황을 뜻한다. 이게 축구 경기 상황에서는 골문과 아주 가까운 거리에서 슈팅을 때리면 이와 같은 표현을 쓴다. 바로 지근거리에 있다는 소리이다.

☐ jefe [제페]　1. (단체, 정당, 직장 등의) 장, 우두머리, 보스, 상사
　　　　　　　 2. 문장(紋章)의 윗부분

이는 고대어에서 chiés - chief 라는 단어가 그 유래라고 한다. 그게 스페인에 와서 jefe [제페] 가 되었다. 그래서 이는 문장 즉 심볼의 윗부분을 가리키기도 하고, 단체나 회사에서는 우두머리를 의미한다. 말 그대로 치프이다.

☐ jornada [호르나다] 일정

영어로 여행이 journey 이다. jo(u)rn 은 시간의 흐름을 의미한다. 그래서 영어 journal 도 정기적으로 발행되는 간행물을 의미한다. 그래서 이 단어는 일정이다.

□ juego   [후에고]   1. 놀이, 유희(遊戲)
              2. (트럼프나 체스 등의) 게임, 놀이   3. (운동의) 경기, 시합

fuerta 가 foul 이다. 축구에서는 이 말 자체로도 오프사이드 반칙의 의미로도 쓰이지만 정식으로 fuera de juego 라고 하면 그 말이 정식의 오프사이드를 의미한다. 즉 경계의 파울이다. 이 단어와 유래를 같이 하는 것은 juggle (저글링 이라고 할 때의 시간 돌리기) 그리고 joke 등이다.

□ jueves   [후에베스]   목요일

이 단어는 쥬피터 jupiter 신에서 그 유래가 나온다. 그런데 이 신이 게르만에서는 천둥의 신으로 등장하는 'Thor(토르)'로 바뀌어 불렸고, 세월이 흘러 지금의 'Thursday'가 되었다. 그런데 그런 사고는 북유럽과 게르만식 사고이고, 남유럽과 라틴에서는 쥬피터가 중심이다.

□ juez   [후에즈]   심판, 판사

이 말은 영어로 치면 judge 이다. 그래서 이런 뜻이다. 동사형은 'juzgar [후즈갈] 심판하다' 이다.

□ jugar   [후가르]   놀다, 플레이하다, 게임하다

juego 의 암기설명을 참조하기 바란다. 그래서 jugador 는 플레이어를 의미한다. joke 등도 다 이 맥락에서 이해를 하면 암기가 쉽다.

☐ julio [율리오] 7월

영어로 July 는 이론의 여지가 없는 율리우스의 달이다. 라틴어 iūlius [율리우스]에서 왔다. 이 단어는 로마 공화국의 독재관이자 집정관이었던 가이우스 율리우스 카이사르(Gaius Julius Caesar, 기원전 100년~기원전 44년)의 이름에서 유래했다. 현재 태양력을 만든 로마 황제 율리우스 카이사르의 달로 '황제의 달'로도 불린다고 한다.

☐ junio [유니오] 6월

우리가 젊은이들을 영어에서 young 이라고 하는데, 독일어 등에서도 마찬가지이다. 이 달 6월의 어원에는 여러 가지가 있지만 일단 우리는 편의상 젊은이라는 뜻의 라틴어 iūnius [유니우스]에서 왔다고 보고 '젊은이'라는 뜻의 라틴어 iuniores [유니오레스]에서 왔다고도 보는 게 암기에 도움이 된다.

IX. 부 록

L 부

□ lágrima [라그리마] 눈물

이 단어의 어원은 좀 더 고찰이 필요하다. 다만 암기를 위해서는 영어에서 그 잔재가 남아 있는데, lachrymator 라고 하면 데모를 하는 사람을 해산하는데 쓰는 최루 가스, 최루탄을 의미하는 영어단어이다.

□ lateral [라떼랄] 측면, 면

앞서 '반다'의 암기법을 보라. 그래서 그러한 반다에 포진하는 포지션의 선수는 '라떼랄(Lateral)'이다.

□ leche [레체] 우유

이 단어는 기본적으로 라틴어 lacto 에서 유래를 한다. 그런데 초꼴라떼(Chocolate) 의 어원을 보면 초코에 우유를 넣어서 late 가 붙은 것이다. 까페 라테도 그렇고 말이다. 그래서 기본적으로 lech=la(c)t 는 우유를 가리키는 표현이 된다.

□ levantar 레반따 올리다

이 단어는 라틴어 levāre에서 유래했고, 이 단어 자체가 영어 lever (지렛대), elevator(승강기)에서 보다 시피 '올리다'는 의미를 가지고 있다.

☐ limpiar [림피아] 깨끗이 하다

lymph 는 우리 몸에서 상처치유와 소독기능 등을 하는 액이다. 혈액에 유사한 것으로 말이다. 그런 림프가 하는 일들을 나타내는 것이 이 단어와 유사성을 가지고 있다. 어원이 유사한 것이다.

☐ luchar [루차] 1. (두 사람이) 팔씨름을 하다. 언쟁을 하다
                  2. 전투하다. 싸우다. 전쟁하다

이 단어는 '싸우다' 의 의미를 가지는데, 어원적으로는 좀 더 연구가 필요하다. 그 어원이 라틴어 luctāre 이기 때문에 분명히 어원적으로 luck 이나 lud 즉 미끼와 관련이 있어 보인다. 좀 더 연구가 필요하다.

☐ llamar [기아마르] 부르다

이 단어의 라틴어 어원을 보면, 앞에 엘(L)이 두 개 있는 부분이 cl 이 되는 clāmāre 가 어원이다. 이 단어는 claim 의 의미를 가지고 가기 때문에, '부르다, 요청하다' 등의 의미가 되는 것이다. 특히 ll 부분의 발음에 주의한다.

☐ llorar [기오라] 울다

이 단어는 또한 plora 의 라틴어가 유래가 되는 것이어서 이 plorar 자체가 '울다'의 의미를 가지고 있음에 유념을 해야 한다.

□ llover [요베르] 비가 쏟아지다

이 단어는 plovĕre 가 라틴어 어원이 되는 단어이다. p가 f 로 변하면서 아래로 떨어지는 것을 의미하게 된다. 그래서 '비가 아래로 쏟아지다' 이다.

□ Lugar [루가] 장소

이 단어는 place 라고 표현을 볼게 아니라, location 으로 어원을 찾아야 한다. 그래서 장소 위치의 개념이 된다.

□ luego [루에고]   (시간의 부사) 빨리, 곧, 속히, 지체 없이
                (순서의 부사) 뒤에, 후에,

라틴어 locō 에서 이 단어는 유래가 나온다. 영어로 locomotive 라고 하면 이어서 연달아서 움직이는 바로 기차를 의미한다. 그래서 로코는 이어짐을 의미해서 '바로 뒤 또는 바로 뒤의'의 의미를 가지게 된다.

X. M 부

M 부

☐ mañana [마냐나] 오전, 내일

māneāna 가 라틴어 어원인데, 그래도, 워낙 많이 쓰는 단어라서 사용하면서 외우기 바란다.

☐ manejar [마네자] 운전하다, 경영하다

이 단어는 형태와 발음에서 manage 단어와 같다. 그래서 '경영하다'의 의미인데, 이 단어는 특히 남미에서는 '운전하다'의 의미로 많이 쓰임에 주목해야 한다.

☐ mano [마노] 손

이 단어는 hand 가 어원이 아니고, 우리가 수동으로 즉 손으로 다루는 것들을 매뉴얼이라고 한다. 오토매틱이 아니라 손을 부지런히 써서 움직이는 자동차도 manual 방식이라고 한다. 그래서 이 단어 mano 는 손을 의미한다.

☐ mantener [만테네르] 유지하다

이는 영어 maintain 에 해당하는 단어다. 때문에 '유지하다'의 의미를 가진다.

☐ mar [마] 바다

프랑스어에서도 이 단어와 유사한 어원이 나타난다. 프랑스어 'mer [mɛːR / 메어] 바다, 해양' 이다. 영어로 maritime (항해의) 라는 단어에서 보듯이 mare mari 는 라틴어에서부터 바다를 의미했다. 이 단어 mar 역시도 그 어원에서 나왔다.

☐ marcador [마르까도르] 표를 하는, 스탬프를 찍는, 각인을 하는, 흔적을 남긴

우리가 흔히 '마카도' 라고도 하는데, 이 단어에서 marc 는 말 그대로 마크이다. 흔적이다. 뭔가의 족적을 뚜렷이 남기는 사람이다. 그래서 운동에서 이 단어를 쓰면 주 공격수를 의미한다.

☐ mariposa [마리포사] 나비

이 단어는 Marido(남편)과 esposa(아내)가 합해서 이루어진 합성어이다. 영어의 Marry에서 나온 유부남을 지칭하는 Marido와 영어의 Spouse가 합쳐진 명사로, 나비의 날개가 쌍으로 두 개가 있음에 착안된 단어이다.

☐ martes [마르테스] 화요일

3월과 같은 어원을 가진 마르스에서 나온 단어로 마르스는 전쟁의 신이기에 화약의 신, 불의 신이기도 하다. 그런데 이게 게르만 와서 게르만의 전쟁의 신 'Tyr(티르)'로 이름을 바꿔고 변형되어 영어에서 'Tuesday'라고 불리게 되었다.

□ marzo [마르조] 3월

라틴어 mārtius[마르티우스]에서 왔다. 이 단어는 그리스 신화의 아레스와 동일시되는 로마의 전쟁의 신 Mārs[마르스]에서 왔다. 이 단어는 전쟁으로 인한 개선이기에, 전쟁, 갈등이라는 뜻도 가지고 있다. 당시 로마는 3월은 전쟁이 시작되는 달이라고 생각했고, 그에 따라 3월을 '전쟁의 달'이라고 불렀다. 특히 화요일인 martes와는 구별을 해야 한다.

□ mayo [마이요] 5월

이 단어는 Maius[마이우스]라는 라틴어에서 왔다. 그리스 신화에서 아틀라스와 플레이오네 사이에서 나온 일곱 자매를 플레이아데스라고 하는데, 그들 중 맏언니인 Maia[마이아] 혹은 $Μαῖα$[마이아(마야)]에서 달의 이름을 따왔다. 어딜 가나 엄마는 '마' 라는 단어로 불린다. 그래서 이 단어는 만물이 마구 소생하는 어머니의 달이라는 의미를 가지고 간다. 따스한 봄은 어머니 같은 존재다. 이 달에 많은 동물과 식물들이 태어나는 것을 보고 '어머니(근원)의 달'이라고 지은 듯하다. 이 달은 로마력에서 세 번째 달이다.

□ medir [메디르] 재다, 측량하다

이 단어는 라틴어 metter에서 나왔다. 그래서 영어로는 '측량하다, 측정하다'의 measure 가 된다. 중간의 med 는 매체의 의미를 가지니 말이다.

□ menos 메노스 포코의 비교급 조금

poco 의 비교급으로 기억하라. 영어에서의 little-less 의 관계이다.

□ mentir [멘티르] 거짓말하다

프랑스어에서도 이 단어 ment 에 대해서는 우리가 가진 기존의 관념과는 뭔가의 차이를 보여주고 있다. 자세히 보면, 프랑스어 'menteur [mɑ̃tœːʀ / 망뜨어] 거짓말쟁이의'는 mentor에서 어원을 같이 하는 단어이다. 좀 심하게 말해서 '입만 산 사람'에 대한 이야기이다. 말로만 화려하게 표현하는 사람을 나타낸다. 우리가 사회생활에서 조언을 해주는 사람을 mentor 라고 쓰는 것과는 다소 거리가 있는 서양인들의 사고방식이다.

□ mejor [메호르] 더 좋은, 제일 좋은

이 단어는 일반적으로도 잘 쓰이지만, 'a lo mejor 아마(quizá, tal vez)' 로 쓰인다는 점도 기억을 해둬야 한다.

□ mesa [메사] 테이블

원래 이 단어는 테이블이 아니라 지질구조에서 나오는 단어이다. 그래서 영어에서도 mesa 라는 단어를 쓰는데 그때는 고원지대의 평평한 땅을 의미한다. 그 단어 메사가 여기서는 테이블의 의미로 쓰인다.

□ meta [메타] 목표

축구에서 guardameta [구아르다메타] 는 골키퍼를 의미한다. guardar 는 '지키다'는 의미이고, meta 는 목표로서 골문을 의미하기에 골키퍼가 된다.

□ miel [밀] 꿀

이는 라틴어 mel 에서 유래한 단어로 '달콤한' 의 의미를 가지는 영단어 mellow 도 같은 유래를 가진다.

□ miércoles [미에르꼴레스] 수요일

수성에서 유래한 수요일은 라틴에서는 'Mercury'의 이름을 붙였다. 그래서 이 단어도 머큐리를 연상하게 한다. 후에 게르만족이 게르만 신화의 왕이자 폭풍의 신 'Woden(오딘)의 이름을 붙였고, 점차 변형되어 영어에서는 지금의 'Wednesday'가 되었다.

□ mujer [무제르] 여자(성년의 여자)

이 단어는 라틴어 mulier에서 유래되었다고 한다. 이 단어는 mollis(부드럽다)에서 유래된 것이어서 원래는 부드럽고 온순한 푸근한 여자를 의미하는 것에서 나왔다고 한다. 아내의 의미에 가까운 말이다.

XI. N, O 부

N 부

□ nausea [나우세아] 구역질

nau 는 nav 처럼 항해를 의미한다. 그래서 네이버는 인터넷상의 항해사이다. 거기에 병을 의미하는 ia 가 ea 로 스펠링이 변해서 나타났다. 그래서 이 단어는 '항해로 생긴 병' 즉 '배 멀미' 또는 '구역질, 현기증'이다.

□ nevar [네바] 눈이 내리다

화장품 브랜드로 잘 알려진 '라네즈' 도 neige 즉 프랑스 말로 '눈'이라는 의미가 된다. 그것과 어원을 같이 하는 이 단어도 '눈이 내리다'가 된다.

□ nitrógeno [니트로헤노] 질소

이는 영어와 비슷해서 스페인어에서는 크게 신경 써서 외울 것은 없다. 오히려 프랑스어에서는 유심히 볼 필요가 있다. 'azote [azɔt / 아조트] 질소'이다. 이 단어는 다른 외국어에서는 니트로를 많이 쓰는데 프랑스에서는 라브와지에가 이렇게 명명을 했다고 한다. 어원은 그리스어로 'a' 는 '없는' 또는 '반대의' 의미를 가지고 'zote [조테]' 는 '생명'의 의미를 담고 있다고 한다. 그래서 '생명이 없는 공기'라는 의미로 이렇게 쓰였다고 한다.

□ nombre [놈브레] 이름

이 단어는 영어로 숫자라는 number 와 비슷하게 생겨서 오해를 살 수 있는 단어이다. 그러나 그 뜻은 '이름'이다. 어원은 라틴어에서의 nomine (이름) 에서 유래한다. 그게 스페인어 식으로 변화해서 놈브레가 되었다. 숫자는 numero 이다.

☐ nunca [눙카] 절대 아니다

나이키의 트레이드 구호와 비슷하게 'nunca nos rendimos'라는 격언은 영어로는 'We never give up' 의 의미로 쓰인다.

O 부

☐ obra [오브하] 작품

이 단어는 어원적으로 라틴어 opus에서 출발한다. 이 오푸스는 아직도 음악작품 등의 넘버링을 할 때 여전히 쓰이는 단어이다. 그런데 이 단어에서 영어의 operate 도 나온다. 그래서 이 단어는 프랑스어 단어 'œuvre [œːvʀ / 오외브레] 작업, 일, 활동' 과도 연결이 된다. œuvre 도 역시 어원적으로 opera에서 나온다. 그래서 오퍼레이팅을 하는 것이고 그래서 오브리에와도 연결이 된다. 그래서 작업과 일의 의미를 가진다.

☐ octubre [옥투브레] 8월

이는 October [8번째 달]의 단어가 된다. 다리가 8개가 달린 옥토푸시가 문어인거처럼 이것도 8을 의미한다. 라틴어 octōber[옥토벨]에서 왔다.

☐ ojo [오조] 눈

이 단어는 라틴어 oculus 에서 출발했다. 프랑스어에서는 œil [œj / 오외이]가 눈이라는 뜻이고, 이탈리아어에서는 occhio 가 '눈'이다.

☐ olfato [올파토] 감이 좋은, 후각의

영어에서도 후각을 olfactory sense 라고 한다. 거기에서 c 만 빠진 것이다. 이것은 운동선수나 엔테테이너가 감이 좋을 때 쓴다.

☐ once [온쎄] 11명(의)

영어와 스펠링이 같다고 해서 뜻이 같은 단어가 아닌 게 프랑스어에서는 아주 많지만 스페인어는 좀 적은 편이다. 여기서의 once 는 영어에서는 한 번이지만 스페인어에서는 eleven 의 의미를 가진다. 축구가 열한명이 한다는 점에서도 의미가 있는 단어이다.

☐ oreja [오레하] 귀

이 단어에서 유래한 것으로 중남미에서 요리재료로 쓰는 귀상추라는 재료는 Lechuga Oreja 라고 표현한다. 그렇게 암기한다. 앞의 단어는 우리가 영어로 아는 lettuce 와 유사한 어원이다.

☐ Otoño [오톤뇨] 가을

가을은 영어로 fall 이라고도 부르고 Autumn이라고도 한다. 특히 autumn 이라고 부르기 시작한 것은 16세기 무렵 라틴어 'autumnus'에서 파생된 프랑스어 'autumne', 스페인어 'otoño', 이탈리아어 'autunno' 등이 차용되면서부터라고 한다. 여기서 라틴어 'autumnus'는 '증가하다, 수확하다'의 의미를 담고 있다고 한다.

쉬어가는 페이지
: 장사가 안 되는 집일수록 좋지 않은 식재료를 쓴다

1. 순환의 문제

원래의 세상 상식으로는 장사가 안 되는 집이 손님을 끌기 위해서 더 좋은 식재료를 써야 하지만 그런 데들은 돈이 없고, 회전이 안 되니 좋은 식재료를 쓸 수가 없다.

2. 어학의 경우

앞의 말은, 모든 인생에서의 진리와 같은 말이지만, 이것이 어학공부에서는 이렇게 적용이 된다. 어학은 처음에는 공부하기가 힘들다. 그러나 어느 단계, 즉 필자는 그것을 50퍼센트라고 하는데, 그 정도의 숙지도가 생기면, 오히려 공부가 훨씬 더 재미있어진다. 그때까지는 좀 공부가 고통스러워도 참고 견뎌라.

Las palabras anteriores son las mismas que la verdad en toda la vida, pero esto se aplica al estudio de idiomas como este. El estudio de idiomas es difícil al principio. Sin embargo, en una etapa determinada, es decir, lo llamo 50%, y si se adquiere ese nivel de dominio, estudiar es mucho más divertido. Hasta entonces, aunque su estudio sea un poco doloroso, tenga paciencia.

XII. P 부

P 부

□ país [파이스] 지방, 나라, 국가

이 단어는 프랑스어에서는 pays 로 쓴다. 라틴어는 pagensis 또는 pagus 에서 나오는데 이것은 pueblo 의 의미를 가지고 있다. 그러니 pueblo 의 암기에 대한 이야기도 참조 바란다. 프랑스어 'pays [pei / 뻬이] 국가' 도 pay는 원래 라틴어 pagos에서 나온 것이다. 여기서 pagos 는 주변의 흩어진 속지를 가진 중심지를 말한다. 그게 바로 도시 국가가 되는 것이다. 그래서 pays 는 국가이다. 그렇게 해서 프랑스어에서도 암기가 가능하다.

□ pájaro [파야로] 새

이 단어의 어원은 라틴어인 passer인데, 황갈색을 의미하는 passer가 변하여 Pajero가 다시 Pajaro가 된 것이다. 황갈색인 참새를 지칭하였으나 스페인어에 와서는 새인 조류 전체를 지칭하는 명사로 쓰이게 되었다고 한다.

□ palmarés [빨마레스] 성적표

이 단어는 어원이 palma에서 나온다. 이 단어 팔마는 손바닥을 말하고 손바닥에 그 성적을 기록함에 유래를 한다.

□ palo [빨로] 목재 기둥

이 단어는 영어로 치면 poll 과 유사하다. 실리콘밸리의 페이스북 등의 설립도시 '팔로알토 palo alto' 는 '키가 큰 기둥'의 의미를 가진다.

☐ paloma   [팔로마]   비둘기

스페인어로 새인 Pajaro [빠하로] 와 라틴어로 비둘기인 Colomba(이 단어는 프랑스어에서도 비둘기이다)가 합쳐져 비둘기라는 스페인어가 되었다.

☐ parar   [빠라르]   1. (움직임이나 동작을) 멈추다. 세우다.
                    2. 미리 준비하다. 예방 조치하다

원래 이 단어의 어원이 되는 라틴어는 parāre (preparar)이다. 이 말은 형태 그대로 prepare 의 어원이 되고 영어로 치면 '준비하다' 이다. 준비를 하려면 당연히 멈춰야 할 것이다. 이 단어는 축구에서는 멈춘 볼 즉 세트피스 상황을 나타낸다. 그래서 분사형과 결합해 Balon parado [발롱 빠라도] 가 되면 멈춰진 볼이 되면서 바로 세트피스 상황을 의미하게 된다.

☐ parecer   [파르세르]   나타나다. 보이다 안성맞춤이다.
                       좋다 (누구를) 닮다. (누구와) 비슷하다

이 단어는 형태와 모습이 영어의 appear 동사와 같다고 보면 된다. 뜻도 마찬가지다. 거기에 이 단어는 parece que 의 형태를 취해서, '아마도 ~ 인거 같다' 의미를 가지는 형태로 쓰인다.

☐ partido   [빠띠도]   1. (형용사) 나누어진, 분할된,
                     2. 선심 쓰는, 마음이 후한(franco)   3. (명사) 시합

part 즉 '나눠서'의 의미를 가진다. 편을 나누기에 시합의 의미도 가진다.

☐ pasar [파사르] 통과시키다, 패스하다

이 말 자체가 바로 영어에서의 pass 이다.

☐ pavo [파보] 칠면조

관용어로서 'Estar en la edad del pavo' 이라고 하면 'be in the age of the turkey' 라는 의미가 되어서 '알 수 없는 행동을 하는 내지는 사춘기의' 이런 의미가 된다.

☐ paz [빠즈] 평화

이 단어는 라틴어 pax에서 나왔다. 잘 아는 단어 pax Romana 즉 로마의 평화시대처럼 pax 는 평화를 의미한다.

☐ peinar [페이나] 빗질하다

이 단어는 어원이 pectināre이다. 거기에서 pectin 이 나온다. 그 펙틴은 머리털을 구성하는 단백질을 말한다. 거기서의 ct 가 사라지고, 페이나가 된 것이다. 그래서 '머리를 손질하다 빗질하다' 의미가 되었다.

☐ peligroso [펠리그로소] 위험한

스페인에서 나온 아주 독한 술들에는 peligroso라고 써져 있으면서, 그 술병에 독사가 그려져 있기도 하다.

□ pelota   [펠로타] 큰 공

이 말은 라틴어 pila에서 유래했다. 그래서 그 말 자체가 '무더기 덩어리'의 의미를 가진다. 그래서 이 말은 큰 공을 축구공 농구공 등을 의미한다.

□ perder   [뻬르데르] 잃다, 분실하다, 지다

이 말은 프랑스어 'perdre [pɛRdR / 페흐드흐] (재산·소유물 따위를) 잃다. 상실하다. 사별하다'와 유래를 같이 한다. 서구 사람들은 완전히 온통의 의미를 가지는 '헤까닥'의 의미가 붙으면 완전히 역으로 생각하게 된다. 우리도 그래서 사람이 '헤까닥 했다'고 하면 정신 나갔다고 한다. 여기서의 per 가 바로 '헤까닥'의 의미가 된다. 그리고 dre 는 프랑스어에서 영어의 do 의 의미가 된다. 그래서 이 단어는 '잃다' 즉 lose 의 의미가 된다. 그래서 스포츠에서의 '뻬르데르'는 '패하다' 의 의미를 가지게 된다.

□ perro   [페로] 1. 수캐   2. 성질이 포악한

들개, 수캐는 라틴어로는 Canis 이지만 스페인어에서는 Can이라고 하지 않고 Perro 라고 한다. Fiera는 스페인어로 사나운 야수라는 뜻으로, 영어의 ferocious(사나운/매서운 맹수 같은)과도 연관이 된다. ferro에서 f와 p의 혼용이 되는 것이다. 이런 혼용은 가끔 일어난다.

□ pescado   [페스카도] 낚시질

스페인어로 pez[복수형peces]는 활어를 말하고 pescado는 '입질하여 낚여

올려진 죽은 생선' 또는 '절인 생선'을 말하는 통칭이면서 '낚시질'을 의미하기도 한다. do 는 명사형이면서 작은 단위를 의미하기에 말이다. 프랑스어에서도 pêche [pɛʃ / 뻬쉬]는 낚시질을 의미하며 연관성이 있다.

□ pie   [삐에] (사람의) 발 (발목의 아래를 가리킴, 다리 전체는 pierna)

축구의 정식 용어가 balompié 이다. 즉 '발의 공' 즉 그래서 축구가 된다. 물론 이 말은 그렇게는 많이 쓰이지는 않는다고 한다.

□ pila [필라]   배터리

이 단어도 pile에서 나왔기에 '무더기 더미'의 의미를 가진다. 배터리의 구조가 여러개의 전류물의 덩어리이기에 충분히 이런 해석이 가능하다. 여기에 숙어 'Ponte las pilas 배터리를 넣다, 힘을 내다' 같은 것이 나온다.

□ piscina [피씨나] 수영장, 풀장, 풀

축구에서 고의로 페널티 킥을 받기 위해서 다이빙을 하는 등 페인트를 하는 선수들을 '피스씨나'라고 불렀다고 한다.

□ pitar [삐따르] 호루라기를 불다, 야유를 하다

우리가 호루라기 소리를 '삑' 이라고 한다. 외국어에서도 그런 의성어 흐름을 보인다. 이 단어는 그런 의성어에서 왔다.

☐ pivote [피보떼] 지지축

축구나 기타 스포츠에서는 핵심 역할을 하는 선수를 의미한다.

☐ pluma [플루마] 펜

이 단어의 어원은 원래 Plume(새의 깃털)을 말하고 깃털의 끝을 잉크를 찍어 사용하던 Pen을 말하는 단어이다. 여기서 발전해서 di-ploma(졸업장 또는 학위증서)가 나오고 Ploma는 Pluma에 상응하는 단어이다. 거기서 또 발전해서 Diplomatic(외교관)이란 단어는 지성인으로 대학학사를 수여한 유식한 사람이다. 그게 변해서 외교관이 되었다.

☐ poder [포데르] 할 수 있다. ~일수도 있다

이는 라틴어 potare에서 어원적으로 나온 개념이다. 이는 잠재성을 나타내는 potent에서 나온 개념이다. 즉 pot 라는 어근이 그런 의미를 가지고 있다. 그래서 '할 수 있다'의 개념이 된다. 또한 '...일수도 있다'는 잠재성의 개념이 되기도 한다.

☐ polvo [폴보] 먼지

'포르보론'이라 불리는 스페인의 과자가 있다. 우리가 영어로 알고 있는 스노우 볼이란 쿠키도 이 과자와 유사한 스타일인데, Polvo(먼지)가 어원으로 Polvorón [폴보론]으로 표기를 한다. 입에서 아주 작은 먼지 입자처럼 스르르 녹는다는 말에서 착안이 되어서 나오는 단어이다.

□ portero [포르테로] 1. 형용사 (벽돌이) 충분히 구워지지 않은
　　　　　　　　　　 2. (아파트 등 큰 건물의) 관리인, 수위, 문지기

port 는 원래 관문의 의미를 가지기에 항구도 port 가 된다. 그에 유래해서 '지키는 사람, 문지기' 또는 축구에서 골키퍼도 바로 프로테로가 된다.

□ primo [프리모] 1. (형용사) 첫째의, 처음의 2. (형용사) 훌륭한, 뛰어난
　　　　　　　　　 3. (양성명사) 사촌

사촌이 아마도 제일 친척 중에서는 가깝게 느껴진다는 의미에서 프리모를 썼다는 견해가 있다.

□ pronto [쁘론토] 재빠른, 날쌘, 기민한

bota 의 암기스토리를 참조하기 바란다. 또한 이 단어 pronto는 영어의 promptly 와 사실상 같은 어원에서 나온 말이다. 그래서 '즉시, 빠른' 이런 의미를 담고 있다.

□ propio [쁘로피오] 고유(固有)의, 본래의, (형용사) 특유의

축구 등에서의 자살골이라고 하면 'propio puerta' 라고 표현한다. 그 말 자체가 '자신들의 고유의 문에' 라는 소리가 되기에 바로 자신의 골문에 넣어버리는 자살골이 된다. 이것을 줄여서 P.P 라고도 표현한다. 그런데 이것을 요즘은 영어적 요소를 넣어서 더 간명하게 autogol 이라고 한다. 좌우지간 정식용어는 propio puerta 이다.

□ prorrogar [프로로가르] (기한이나 기간 등을) 연장하다, 연기하다,
                         중지하다. 정지하다

rogar 동사가 원래 '간청하다 요청하다' 의 의미를 가진다. 그렇다면 더 앞으로 pro 하게 가자고 요청하는 것이니 '연장하다' 의 의미가 될 수밖에 없다. rog 는 원래 유럽어에서 '요청하다 심문하다'의 의미를 가지고 있다.

□ próximo [프록시모] 가까운, 다음의

영어에서도 aproximate 라고 하면 '대략' 의 의미를 가진다. 그래서 prox 는 '옆'의 의미를 가진다. 그래서 이 단어 프록시모는 '가까운' 의 의미를 가지고 거기서 파생해서 '가까운' 의 의미를 같이 가지게 된다.

□ pueblo [뿌에블로] 도시의, 마을의

이 단어의 라틴어 어원은 popŭlus 이다. 즉 그 형태에서 보듯이 '사람이 많이 사는 곳'이다. 그래서 이 단어는 '도시의, 마을의' 이런 의미가 된다. 과거에 우리나라에서 북으로 납치된 선박 이름이 '푸에블로'였었는데 근대사 역사적 사건으로도 이름이 많이 나왔다.

□ puerta [뿌에르따] 문, 관문

propio의 해설을 참조하기 바란다. 'propio puerta' 가 자살골을 의미한다고 설명하였다. 자신들의 '고유의 문'에 골을 넣는 것이다.

□ punta [뿐따] 1. (무기나 상처를 낼 수 있는 다른 기구의) 뾰족한 끝
              2. (어떤 물건의) 끝, 선단

영어에서는 punc 에 해당하는 단어이다. 아주 뾰족한 침을 acupuncture 라고 한다. 그래서 이 단어는 '끝, 모난 귀퉁이'의 의미를 가진다. 축구에서 mediapunta 라고 하면 중앙의 허리를 맡으면서도 예리한 공격을 하는 공격수를 의미한다.

쉬어가는 페이지
: 개구리 올챙잇적 생각 못 한다

1. 기본 의미

특히 주변에서 '개구리 올챙잇적 생각 못하네.' 하고 핀잔을 듣지 않도록 조심해서 행동해야 한다. 물론 모든 것을 다 다른 사람의 관점에 맞추기는 쉽지 않지만 말이다.

2. 어학에서

어학에서는 굉장히 중요한 부분이다. 어학은 '시간'이라는 공을 들여야 하기에 일정시간이 필요하다. 즉, 뭐 꼭 '1만 시간'까지는 아니어도, 시간을 필요로 한다. 그런 것을 잘 기록을 해두지 않으면, 자신의 실력이 늘었는지를 모르고, 늘 한탄과 후회만 하게 된다. 외국어는 공부를 하면서 시간이라는 요소를 생각하지 못하기에 문제이다.

Esta es una parte muy importante de los estudios de idiomas. El estudio de idiomas requiere una cierta cantidad de tiempo porque requiere el esfuerzo de "tiempo". En otras palabras, incluso si no son necesariamente "10.000 horas", lleva tiempo. Si no registra bien esas cosas, no sabe si sus habilidades han mejorado, y siempre se sentirá triste y arrepentido. Mientras estudio un idioma extranjero, es un problema porque no puedo pensar en el elemento del tiempo.

3. 과정을 기록하라

그래서 그 과정을 기록해야 한다. 시간이 지나서 저걸 쳐다보면 어떤 느낌이 드는지를 염두에 둬야 한다.

4. 과정을 보면 자부심이 생긴다

그렇게 적은 과정을 보면 힘이 들다가도 자부심이 들고, 자기 포기를 하지 않게 된다. 즉, 어학같이 시간이 많이 필요하고 노력의 정성이 들어가야 하는 것은 시간이 들수록, 언젠가는 학습고원을 만나게 된다. 그럴 때, 지치지 않고 일하게 되는 근원은 바로 그런 일기나 일지가 된다.

XIII. Q, R, S 부

Q 부

☐ querer [퀘레르] 원하다

quest 는 '추구하다'의 의미를 가진다. 거기에서 유사한 어원을 가진다.

☐ químico [퀴미코] 화학

quim 의 어원은 아라비아 계통으로 chemi 와 발음적 유사성이 있다.

R 부

□ receta [레쎄타] 처방전

이 단어는 recepta 라는 라틴어에서 유래했다. 이 레쎕타는 원래는 가게에서 돈을 치르고 나면 받는 영수증 즉 (receipt) 의 어원인데, 여기 처방전에도 쓰이게 된다.

□ reir [레이르] 웃다

'rid' 'rir' 라고 하면, '웃다'의 의미를 가지게 되어서, ridiculous 라고하면, '우스꽝스러운'의 의미를 가지는 영어단어이다. 그래서 reir 는 '웃다'의 의미가 된다.

□ represor [레프레소] 탄압자, 억압자

re 는 지속의 의미를 가지고 pres 는 누르는 것이다. 그래서 '탄압자' 의 의미가 된다.

□ respetar [레스페탄] 존경하다

이 단어는 respectō, respectāre 의 어원적 의미를 가지고 간다. 그러면 영어의 respect 와도 같다고 볼 수 있는데, 거기에서 c 스펠링이 빠진 것이다.

□ resfriar [레스쁘리아] 식히다, 차게 하다, 냉각시키다

이 말은 이렇게 '차게 하다'로 쓰이면서도 과거분사 수동태로 뒤에 -da 가 붙는 형태가 되면 '차게 된'의 의미가 되어서 '감기에 걸린'의 의미가 된다. 이 단어 중에 있는 fri 부분은 바로 '얼음'을 의미하게 된다.

□ retrato [레뜨라또] 초상화

auto-retrato 라고 하면 '자화상'의 의미를 가진다. 원래 영어에서 초상화는 portrait 라고 말하는데 그 앞의 po 부분이 떨어져 나갔다. 그 이유에 대해서는 다소 불명확하기에 좀 더 연구를 요한다.

□ rodilla [로디야] 무릎

이는 라틴어 rotella 또는 rota 에서 나왔고 우리가 회전교차로를 '로터리'라고 하듯이 로타는 '회전'을 의미한다. 우리 몸 중에서 회전이 가능하고 돌아가는 것이 가능한 부위라서 그렇게 부른다.

□ romper [롬뻬어] 깨지다

이 단어는 라틴어 rumpere 에서 출발했다. 이 단어는 '부서지다, 깨어지다' 이다. 그것이 영어로 가면 rupt 계열로 변해서 rumpture 같은 단어로 변했고, romper 는 스페인어 식으로 변한 것이다.

□ ropa   [로파]   옷

영어에서는 rope 라고 하면 말 그대로 '동아줄' '로프'이다. 그것과 헷갈리지 말아야 한다. 이 단어는 '의류'이다. 그래서 영어에서의 옷을 의미하는 robe 와 어원적 뿌리를 같이 한다. 쿠바 스타일에서 먹을 수 있는 미역국 비슷한 스튜를 ropa vieja 라고 한다. 말뜻은 낡은 옷이라는 의미가 된다.

S 부

☐ sábado [사바도] 토요일

이 단어는 영어에서는 Saturday 라는 식으로 해서 '토성 즉 새턴'을 끌어와서 표현하지만 라틴계통에서는 더욱더 기독교 종교적이다. 그래서 토요일은 sabado - '안식일'이라는 의미의 sabbath에서 유래한 표현으로 쓴다.

☐ salir [살리르] 치솟다, 나가다, 나오다, 출발하다

이 단어는 서양어에 공통으로 들어가는 salmon 관련한 어근인 sal 관련되어 있다. 영어에서도 salient 치솟는 이라는 의미를 가지고 간다. 그래서 salir 는 '나오다 출발하다' 등이 동적인 의미를 가지는 동사가 되고, 이게 스포츠에서 쓰이면 '출전하다, 출장하다' 의 의미를 가지게 된다.

☐ salud [살루드] 건강

이 단어는 라틴어 어원 solidus, sollus 에서 온 단어이다. 그래서 solid 는 '굳건한' 의 의미를 가지는 차원에서의 건강의 의미를 가진다.

☐ secar [세카르] 말리다

원래 라틴어에서 secar 의 어원은 secaria 이다. 이 단어는 행주를 쥐어짜는 것을 의미하는 단어였다. 그에 의거해서, 이게 스포츠에서는 아주 사람을 밀착해서 철저히 마크하는 것을 의미하는 단어로 쓰인다.

□ seguidor   [세귀도르]   추종자, 신도

이 단어에서의 seg 는 시퀀스에서 보다 시피 연속으로 이어짐에 대해서 나타내는 말이다. 그래서 이 단어는 자연스럽게 '추종하다'의 의미를 가지게 된다. 그리고 그게 엔터와 스포츠에서는 연예인등을 따르고 추종하는 팬을 의미한다.

□ semana   [세마나]   (한) 주, 7일

이 단어는 라틴어 septimānam에서 유래했다. 원래 여러분들이 기억해 둬야 할 사실인 9월인 September는 사실은 7번째 수라는 점이다. 그래서 이 단어도 원래는 7을 의미하기에 7일이다. 그러나 그 중에서 pti 가 줄어들어서 지금의 스페인어 semana 의 형태가 되었다. 그래서 한주이다.

□ septiembre   [셉티엠브레]   9월

September 는 원래의 라틴어 september [셒템베르]에서 왔다. 이 단어는 라틴어로 7을 뜻하는 septem [셉템]에서 왔다고 한다. 라틴어로는 달을 만들면서 원래는 10개만 생각해서 3월부터의 명칭을 넣었다고 한다. 그래서 이 달은 로마력에서 일곱 번째 달이다.

□ serenar   [세라나르]   안정시키다

밤에 아주 조용히 달빛에서 사랑을 속삭이는 노래가 serenade 이다. 거기서 보다시피 serene은 조용하고 고요하고 안정된 상태를 의미한다.

□ siempre [씨엠쁘레] 1. 언제나, 항상, 늘
                    2. 하여간, 어쨌든, 여하튼

이 단어는 siem 과 pre 의 결합이다. 여기서 앞부분의 siem 은 sem 인데 그것은 semeja 닮아 있다. 즉 same 과 같은 의미이다. pre 는 per 의 의미를 가지고 있어서 지속의 의미를 가진다. 즉 언제나 같으니 '늘'의 의미를 가진다.

□ sombra [솜브라] 그늘, 응달, (주로 복수) 어두움 그림자

영어에서도 somber 라고 하면, '어두운, 우울한'의 의미를 가진다. 그것은 이 단어에서 나온 것인데, 바로 그림자의 의미가 나온 것이다. 그래서 거기에 ero 의 어미가 붙으면 모자가 된다.

□ sombrero [솜브레로] 모자, (모자 등에 사용하는) 장식 갓

'cuchara [꾸차라] 숟가락, 삽'의 해설에서 축구에서 로빙슛이 '꾸차라' 또는 '솜브레로'라 불리우는 것을 설명했으니 참조하라.

□ someter [소메떼르] 굴복시키다, 이기다, (재귀형) 굴복하다

이 단어는 라틴어 submittĕre 에서 유래되었다. 그래서 원래의 submit 의 의미 자체가 아래에 몸을 던지는 것이기에 '굴복하다'의 의미를 가지는데 그것의 원리가 그대로 작용되는 단어이다.

□ sorteo [소르떼오] 복권, 추첨

□ sueño [수에뇨] 잠

이 단어는 라틴어 somnum, somnus 등에서 나왔다. 이 말 자체가 잠을 의미하게 된다. 그래서 불면은 영어로도 insomnia 가 된다. 그런 것을 나타내면서, 스페인어 특유의 '웨' 와 '요' 의 억양이 붙어서 이 단어는 이렇게 변화되었다.

□ suplente [수플렌테] 교체, 교체 선수

영어에서도 '이식하다' 의 의미가 되면 supplant 가 된다. 원리가 같다.

쉬어가는 페이지
: s 사운드의 e 나 de 로의 변화

스포츠가 deporte[데포르테]가 되는 것처럼 가장 앞에 나오는 s 사운드가 p 등과 연결이 되는 것을 다소 피하는 경향이 스페인어에서 두드러진다.

XIV. T 부

T 부

□ también [땀비엔] 역시, ~도, 또한

이 단어는 tan 더하기 bien 이다. tan 은 '그렇게' 의 의미를 가지고 있다. bien 은 '잘' 의 의미를 가진다. 그래서 '그렇게 잘' 이니까, 역시 '또' 의 의미에 대한 것을 가지고 있다.

□ tanda [딴다] 게임, 승부

이 단어는 아라비아어 ḍámda[땀다]에서 나왔다고 하는데 좀 더 연구를 요한다.

□ tarjeta [따르헤따] 표, 티켓

tarjeta amarillo 라고 하면 옐로우 카드의 의미이다. tarjeta rojo 하면 레드카드의 의미이다. 다 축구에서 쓰는 용어들이다. 앞의 것은 경고, 뒤의 것은 퇴장의 카드이다.

□ tijera [티헤라] 가위

A자로 생긴 발판 사다리를 escalera de tijera 라고 한다. 그리고 축구에서도 오버헤드 슛이 마치 가위로 발차기를 하고 거꾸로 차는 것에서 유래해서 그것도 '티헤라'라는 표현을 쓴다.

□ tío [띠오] 삼촌, 이모

이것은 가까운 친척을 나타내는 친근감이 담겨져 있는 단어인데 좀 더 연구를 요한다. 이모는 tia [띠아] 이다.

□ tiro [띠로] 발포, 사격

이 단어는 '던지다'는 의미의 tirar [띠라]에서 나왔다. tirar 는 흥청망청 돈을 쓴다는 의미의 tirar la casa por la ventana 표현에서도 보인다.

□ titular [띠뚤라르] 명목상의, 주전의

이 단어는 영어에서도 존재하는데, 바로 title에서 파생이 된 단어이다. 그래서 명목상의 의미도 있지만 특히 스포츠에서는 '주전 선수' 즉 자신의 타이틀을 달고 출전하는 주전 선수의 의미를 가지고 간다.

□ tomar [토마르] 잡다, 쥐다, 밟다

이는 take 에 해당하는 동사로 보면 아주 단순하다.

□ tos [토스] 기침

이 단어는 라틴어 tussis 에서 유래하는데, 그 의성어적 소리에서 '콜록 콜록'과 같은 말들이 '토스 토스' 또는 '투스 투스'로 나타난다. 그래서 이것은 영어로 cough 에 해당하는 개념으로서의 기침이 된다.

□ trasero [트라제로] 엉덩이, 히프

스페인어에서의 tra 는 trans 즉 '전달'의 의미가 된다. 거기에 ro 나 o 가 붙으면 어떤 작은 부분의 의미가 된다. 그래서 이 단어는 뒤로 전달이 되는 작은 부분, 바로 우리 몸 중의 엉덩이를 의미하게 된다.

□ trocar [트로카] 교환하다

이 단어의 명사형은 trueque 이다. 다소 억지스러울 수도 있지만 이 단어는 '투관침' 즉 요즘 유행하는 복강경 수술에서의 얇은 침에도 적용이 된다. 아마도 몸속 바깥세상과 안쪽 세상을 서로 뚫고 교환한다는 의미로 다소 억지스럽게 생각도 가능하다.

쉬어가는 페이지
: 작은 회사일수록 망하기도 잘 망하고 변신도 빠르다

1. 고래싸움에 새우등 터지기

옛말에 고래싸움에 새우등 터지기처럼 작은 회사들은 큰 회사의 흐름에 따라서 흥망성쇠를 달리한다.

2. 변신도 빠르다

다만 작을수록 변신도 빠르다. 그리하여 요즘 같은 격변하는 시대에는 오히려 작은 회사는 변신에 능하다. 그렇기에 격변하는 시대에 사장님들은 요주의해야 한다. 더 정신을 차리면, 오히려 기회가 많이 찾아올 수 있다. 무엇을 해도 실패를 크게 하는 사람도 있고, 큰 성공을 해서 크게 돈을 버는 사람도 있다.

Entonces, en una era de turbulencias, los jefes deben tener cuidado. Cuanto más alerta esté, más oportunidades pueden surgir. Hagas lo que hagas, algunas personas cometen grandes fracasos, mientras que otras ganan mucho dinero con grandes éxitos.

XV. U, V, Z 부

U 부

□ ultimamente [울띠마멘떼] 최근에, 최후에

원래 ultima 는 여러분들이 잘 아는 '극한'의 개념이 되어서 원래는 '최후'라는 의미를 가지고 있다. 그런데 현재 지금을 기준으로 해서는 최후는 언제인가? 바로 가장 최근이라는 의미를 가지게 된다. 그래서 '최근에' 라는 의미까지가 파생된다.

□ umbral [움브랄] 문턱, 문턱의

이 단어는 라틴어인 liminaris 즉 '문턱' '한계'에서 출발한다. 그 속뜻은 바로 우리가 잘 아는 limit이다. 이게 라틴어에서 형용사화 되면 lumbral로 변하게 되고, 그게 라틴어에서 스페인어로 음성적 변화를 겪으면서 '엘' 발음이 '움' 으로 바뀌게 된 것이다. '문턱에 있는 것을 찾으러 로마에 간다. Vas a Roma a buscar lo que tienes en tu umbral.' 라는 속담도 있다.

□ uña [우냐] 손톱, 발톱

이 단어는 martillo de uña 라는 표현에서 암기가 가능하다. 이것은 망치 뒤에 있는 못을 뽑는 부분을 가리키는 말이다. 이 단어는 라틴어 'úngŭla [고전:웅굴라] [교회:웅굴라]'에서 나왔는데 그게 원래 (맹수의) 발톱이나, 말발굽을 의미하는 단어였다고 한다. 그게 스페인어로 와서 '우냐'로 몇 가지가 탈락되면서 바뀌었다.

☐ utopía   [우토피아]   유토피아

이것은 고대에서 'u'은 '우'라고 읽으며 영의 세계를 의미한다고 한다. 그리고 topo 는 지역지점을 의미한다. 그래서 이 단어는 '없는 지점' 즉 '이상향'을 의미한다고 한다.

V 부

□ vaca [바카] 소

이 단어는 프랑스어에서 'vache [vaʃ / 바쉬] 암소'와도 어원적 뿌리를 같이 한다. 다음을 잘 읽어보라. 우유의 이름이기도 한 프랑스 세균학자 파스퇴르(Louis Pasteur,1822-1895)는 백신을 체계화 한 사람이다. 노화된 세균은 병원성이 약하다는 사실과 약화된 세균을 질병 예방에 사용할 수 있다는 가설을 세우고 이를 증명하였다. 그는 이렇게 약화된 균주를 지칭하는 말을 제너의 업적을 기념하면서 라틴어에서 소를 의미하는 'vacca'에서 유래한 백신(vaccine)으로 명명했다. 제너가 소에서 종두법을 개발했기 때문이다. 그래서 백신은 원래 소에서 유래한 말이다. 코로나 백신도 마찬가지이다. 프랑스어 vache를 좀 더 살펴보면 'Parler français comme une vache espagnole'라는 말은 '스페인 소(牛)가 프랑스어를 하는 것 같다'는 것으로 어설프다는 의미를 가지는 욕설이다. 이 외에도 이 단어는 앞에서 제시한 cola(꼬리) 암기법도 참조할 필요가 있다. cola de vaca 라고 하면 '소의 꼬리'라는 의미가 되어서 몸을 완전히 회전해서 차는 슛을 의미한다고 한다.

□ vamos [바모스] (감탄사) 이런!, 야!

이 단어는 원래 가다 즉 ir 동사의 접속법 현재 1인칭 복수의 고어형인데 지금은 쓰이지 않고, '가자, 앗싸'와 같은 뜻으로 쓰이고 있다.

□ vaselina [바셀리나] 1. 바셀린 2. 빈틈없음 신중함

이 단어는 우리가 잘 아는 바셀린이다. 치밀한 준비를 하는 것을 의미하다

보니 (축구 등에서) 상대팀 선수의 머리를 살짝 넘는 차기를 의미한다. 또한 바세린을 바른 듯이 아주 매끄럽게 공을 찬다는 의미도 가지고 있다.

□ vecino [베씨노] 1. 이웃의 2. 이웃

영어에서도 옆에 사는 사람을 vicinity 라고 표현을 하는 경우들이 있다. 그에 기반한 단어이다.

□ venir [베니르] 오다

프랑스어에서도 같은 단어를 쓴다. 그런 계열에서는 마찬가지의 논리이다.

□ ver [베르] 보다, 보이다, 만나다

역시 이 단어도 vis viv 와 같은 시각이 관련되는 단어이다. 그래서 vi 가 ve 라 바뀌고 거기에 동사형을 만드는 r 이 붙어서 모양을 가지고 간다. 그래서 이것은 영어의 see처럼 '누구를 만나다'의 의미를 가지고 있다.

□ verano [베라노] 여름

vera 는 유럽어에서 녹색을 가리키는 말이다. 그래서 이 말은 녹색의 계절의 의미를 가지게 된다. 그래서 여름이다.

☐ vestuario [베스투아리오] 의상, 의류, 탈의실

vest 는 위에 입는 상의를 주로 의미하지만 어떤 때는 의복 전체를 나타내는 말로도 쓰인다. 그래서 이 단어로 파생이 된다.

☐ viernes [비에르네스] 금요일

라틴계통에서는 금성에서 유래를 해서 그리스 로마 신화의 미와 사랑의 여신 'Venus'의 이름으로 불렸다. 그래서 이 단어도 비너스의 요일이라는 표현으로 쓰인다. 이후 다른 요일의 변화처럼 게르만 신화의 사랑의 신인 'Freya(프리야)'로 이름이 바뀌었고, 지금의 'Friday'가 되었다. 그래서 금요일은 프라이데이이다.

☐ vuelta [부엘타] 회전

이것은 '돌다'의 의미를 가진다. 즉 수영장에서도 50미터를 가려면 25미터 끝까지 가고 선 턴을 하지 않는가? 그래서 partidos de vuelta 가 되면 홈엔어웨이 경기의 뒷 경기 또는 후반전을 의미한다. 또한 리그의 후반기를 의미하기도 한다.

Z 부

☐ zapato [자파토] 구두 (주로 단화 즉 낮은 구두)

이 단어는 구두 중에서도 높은 굽의 구두가 아니라 단화이다. 그래서 운동화는 우리가 잘 아는 데포르티보를 붙여서, zapatos deportivos 라고 하고, 슬리퍼는 zapato에다 축소사 ~illo를 붙여서 zapatilla라고 한다.

☐ zumo [주모] 즙

오렌지 쥬스라고 하면, Zumo de Naranja 가 된다. 또한 zumo 라는 앱은 생활에서의 꿀잼을 주는 앱이라고 한다. 꿀과 같은 즙이다.

쉬어가는 페이지
: 자전거가 넘어지지 않으려면 바퀴는 계속 굴러가야 한다

1. 의미

이 말은 계속 노력을 해야 한다는 의미로서는 다소 뻔한 이야기가 되고, 오히려 한번 시작한 일을 중단하지도 못하고 마지못해 하는 의미로서 표현될 때 쓴다. 즉 중단을 하기는 해야 하겠는데 그러면 너무 데미지가 커서 그러지도 못하는 상황을 말할 때 쓴다.

2. 중소기업이나 마지못한 점포의 상황이 그렇다

밖에서 보면 상당히 손님도 있어 보이고, 사업이 잘되어 보이는데도 속사정은 괴로운 사람들이 많다. 그래서 권리금을 받고 어떻게든 빠져 나오고 싶은데, 그마저도 쉽지 않은 상황들이 많다. 그저 대표자 자신만이 속앓이를 할 뿐이다.

Entonces, desde afuera, parece que hay bastantes clientes, y aunque el negocio va bien, hay muchas personas que están en problemas. Entonces, quiero obtener el dinero adecuado y salir de alguna manera, pero hay muchas situaciones que no son fáciles. Solo el propio representante sufre.

도 서 명: 심리상담사가 스페인어 단어를 효율적으로 배우는 방법
저 자: 최단시간외국어연구회
초판발행: 2022년 4월 22일
발 행: 수학연구사
발 행 인: 박기혁
등록번호: 제2020-000030호
주 소: 서울특별시 영등포구 버드나루로 130 1층 104호(당산동, 강변래미안)
Tel.(02) 535-4960 Fax.(02)3473-1469

Email. kyoceram@naver.com

수학연구사 Book List

9001 고1,고2 내신 수학은 따라가지만 모의고사는 망치는 학생의 수학 문제 해결법
저자 수학연구소 / 19,500

9002 이공계 은퇴자와 강사를 위한 수학 과학 학습상담센터 사업계획 가이드
저자 수학연구소 / 19,500

9003 고3 재수생 수능 수학 만점, 양치기를 어떻게 바라보고 극복할 것인가
저자 수학연구소 / 19,500

9004 대학생들이 세상에서 가장 효율적으로 일본어를 정복하는 방법
저자 최단시간일본어연구회 / 19,500

9005 프랑스어를 꼭 공부해야 하는 대학생들이 쉽게 어려운 단어를 외우는 방법
저자 최단시간프랑스어연구회 / 19,500

9006 중국어를 빠르게 배우고 싶은 해외 파견 공무원들을 위한 책
저자 최단시간중국어연구회 / 19,500

9007 변리사들이 효율성 높게 일본어를 익히는 법
저자 변리사실무연구회 / 19,500

9008 세무사가 업무상 필요한 일본어 청취를 빠르게 습득하는 법
저자 세무사실무연구회 / 19,500

9009 심리상담사가 프랑스어 단어를 빠르게 익히는 방법
저자 상담심리실무연구회 / 19,500

9010 업무용 일본어 듣기의 효율성을 높이는 법: 해외파견공무원용
저자 공무원실무연구회 / 19,500

9011 관세사들이 스페인어 단어를 쉽고 빠르게 외우는 법
저자 관세사실무연구회 / 19,500

9012 스페인어 리스닝을 쉽게 하는 법: 해외파견금융기관직원을 위한 책
저자 금융실무연구회 / 19,500

9013 관세사가 알면 좋을 프랑스어 단어를 효율적으로 외우는 법
저자 관세사실무연구회 / 19,500

9014 법조인이 알면 좋을 스페인어 단어를 빠르게 익히는 법
저자 법조인실무연구회 / 19,500

9015 법조인이 알면 좋을 스페인어 단어를 빠르게 익히는 법
저자 법조인실무연구회 / 19,500

9016 미용 뷰티업계에서 알면 좋을 이탈리아어 단어 빠르게 외우는 법
저자 뷰티실무연구회 / 19,500

9017 간호대학과 간호사 의학용어시험 만점! 심장순환계통단어 암기법
저자 의학수험연구회 / 19,500

9018 항공공항업계에서 알면 좋을 스페인어 단어 스피드 암기법
저자 항공공항실무연구회 / 19,500

9019 약사와 약대생을 위한 의학용어 만점암기법_ 심장순환계와 근육계
저자 의학수험연구회 / 19,500

9020 한의사와 한의대생을 위한 양의학용어 암기법_ 호흡기와 감각기
저자 의학수험연구회 / 19,500

9021 의료변호사를 위한 의학용어 암기법_ 소화기와 비뇨기
저자 의학수험연구회 / 19,500

9022 건강보험공단 직원과 취준생을 위한 의학용어 암기법_ 감각기와 호흡기
저자 의학수험연구회 / 19,500

9023 간호사 국가고시 합격기간 단축하기_ 1교시 성인간호, 모성간호
저자 의학수험연구회 / 19,500

9024 건강보험공단 직원과 취준생을 위한 의학용어 암기법_ 감각기와 호흡기
저자 의학수험연구회 / 19,500

9025 수의사와 수의대생을 위한 의학용어 암기법_ 근골계와 심장순환계
저자 의학수험연구회 / 19,500

9026 식품위생직, 식품기사 시험을 위한 식품미생물 점수 쉽게 따기
저자 식품위생연구회 / 19,500

9027 영양사 시험 스피드 합격비법_ 1교시 영양학, 생화학, 생리학 중심
저자 영양사시험연구회 / 19,500

9028 영양사 시험 스피드 합격비법_ 2교시 식품학, 식품위생 중심
저자 영양사시험연구회 / 19,500

9029 6급 기관사 해기사 자격 시험 스피드 합격비법
저자 해기사시험연구회 / 19,500

9030 재배학개론 농업직 공무원시험 스피드 합격비법
저자 공무원시험연구회 / 19,500

9031 식용작물학 농업직 공무원시험 스피드 합격비법
저자 공무원시험연구회 / 19,500

9032 수능 지구과학1 입체적 이해로 만점 받기
저자 수능시험연구회 / 19,500

9033 건축구조 건축직 공무원 시험 교과서 술술 읽히게 하는 책
저자 공무원시험연구회 / 19,500

9034 위생관계법규 조문과 오엑스 조리직 공무원시험
저자 공무원시험연구회 / 19,500

9035 자동차구조원리 운전직 공무원 시험 교과서 술술 읽히게 하는 책
저자 공무원시험연구회 / 19,500

9036 수의사와 수의대생을 위한 의학용어_ 암기법 소화기와 비뇨기
저자 의학수험연구회 / 19,500

9037 도로교통사고 감정사 1차 시험 교과서 술술 읽히게 하는 책
저자 자격증수험연구회 / 19,500

9038 위험물산업기사 필기시험 교과서 술술 읽히고 암기되게 하는 책
저자 자격증수험연구회 / 19,500

9039 소방관계법규 조문과 오엑스 소방직 공무원시험
저자 공무원시험연구회 / 19,500

9040 양장기능사 필기시험 교과서 술술 읽히고 암기되게 하는 책
저자 자격증수험연구회 / 19,500

9041 섬유공학 패션의류 전공자가 섬유가공학 술술 읽고 학점도 잘 받게 해주는 책
저자 섬유공학패션연구회 / 19,500

9042 의류복식사 술술 읽고 학점 잘 받게 해주는 섬유공학 패션의류 전공자를 위한 책
저자 섬유공학패션연구회 / 19,500

9043 반도체장비유지보수 기능사 필기 교과서 술술 읽히고 암기되게 하는 책
저자 자격증수험연구회 / 19,500

9044 4급 항해사 해기사 자격 수험서 술술 읽히고 암기되게 하는 책
저자 자격증수험연구회 / 19,500

9045 접착 계면산업 관련 논문 특허자로 술술 읽히고 암기되게 하는 책
저자 접착계면산업연구회 / 19,500

9046 재수삼수 생활로 점수 올려 대입 성공한 이야기
저자 오답노트컨설팅클럽 / 19,500

9047 치위생사 국가시험 수험서 술술 읽히고 암기되게 하는 책
저자 자격증수험연구회 / 19,500

9048 치위생사 국가시험 수험서 술술 읽히고 암기되게 하는 책_ 2교시 임상치위생처치 등
저자 자격증수험연구회 / 19,500

9049 가스산업기사 필기시험 수험서 술술 읽히고 암기되게 하는 책
저자 자격증수험연구회 / 19,500

9050 응급구조사 1,2급 시험 수험서 술술 읽히고 암기되게 하는 책
저자 자격증수험연구회 / 19,500

수학연구사 Book List

9051 떡제조기능사 시험 수험서 술술 읽히고 암기되게 하는 책
저자 자격증수험연구회 / 19,500

9052 임상병리사 시험 수험서 술술 읽히고 암기되게 하는 책
저자 자격증수험연구회 / 19,500

9053 의료관계법규 4대법 조문과 오엑스 뽀개기 의료기술직 공무원시험
저자 공무원시험연구회 / 19,500

9054 간호학 전공자가 간호미생물학 술술 읽고 학점도 잘 받게 해주는 책
저자 간호학연구회 / 19,500

9055 간호사 국가고시 합격기간 단축하기_ 2교시 아동간호, 정신간호 등
저자 의학수험연구회 / 19,500

9056 도로교통법규 조문과 오엑스 뽀개기 운전직 공무원시험
저자 공무원시험연구회 / 19,500

9057 전기공학부생들이 시험 잘 보고 학점 잘 따는 법
저자 기술튜터토니 / 19,500

9058 간호대학생들이 약리학을 쉽게 습득하는 학습법
저자 간호학연구회 / 19,500

9059 의치대를 목표하는 초등생자녀 이렇게 책 읽고 시험 보게 하라
저자 의치대보낸부모들 / 19,500

9060 지적관계법규 조문과 오엑스 뽀개기 지적직 공무원시험
저자 공무원시험연구회 / 19,500

9061 방송통신대 법학과 학생이 학점 잘 받게 공부하는 법
저자 법학수험연구회 / 19,500

9062 공인중개사 1차 시험 쉽게 합격하는 학습법
저자 법학수험연구회 / 19,500

9063 기술직 공무원 시험 쉽게 합격하는 학습법
저자 공무원시험연구회 / 19,500

9064 독학사 간호과정 공부 쉽게 마스터하기
저자 간호학연구회 / 19,500

9065 주택관리사 시험 빠르게 붙는 방법과 노하우
저자 자격증수험연구회 / 19,500

9066 비로스쿨 법학과 대학생들을 위한 공부 방법론
저자 법학수험연구회 / 19,500

9067 기술지도사 필기시험 빠르고 쉽게 합격하는 학습법
저자 자격증수험연구회 / 19,500

9068 감정평가사 시험 스트레스 낮추고 빠르게 최종 합격하는 길
저자 자격증수험연구회 / 19,500

9069 의무기록사 시험 합격을 위한 의학용어 암기법_ 순환계와 근골계
저자 의학수험연구회 / 19,500

9070 의무기록사 시험 합격을 위한 의학용어 암기법_ 소화기와 비뇨기
저자 의학수험연구회 / 19,500

9071 감정평가사 2차 합격을 위한 서브노트의 필요성 논의와 공부법
저자 자격증수험연구회 / 19,500

9072 감정평가사 민법총칙 최단시간 공부법과 문제풀이법
저자 자격증수험연구회 / 19,500

9073 게임 IT업계 직원이 영어를 빠르게 듣고 말할 수 있는 방법
저자 최단시간영어연구회 / 19,500

9074 IT 게임업계 직원이 효율적으로 빠르게 일본어를 습득하는 법
저자 최단시간일본어연구회 / 19,500

9075 게임회사 IT업계 직원이 프랑스어 단어를 빨리 익히는 법
저자 최단시간프랑스어연구회 / 19,500

9076 경영지도사가 빠르고 효율적으로 중국어를 배우는 법
저자 최단시간중국어연구회 / 19,500

9077 유튜버가 일본어 청취를 빠르게 익히는 방법
저자 최단시간일본어연구회 / 19,500

9078 법조인들이 알면 좋을 프랑스어 단어를 빠르게 익히는 법
저자 최단시간프랑스어연구회 / 19,500

9079 경영지도사에게 필요한 스페인어 단어 빠르게 익히기
저자 최단시간스페인어연구회 / 19,500

9080 일본어 JLPT N4, N5 최단시간에 합격하는 법
저자 최단시간일본어연구회 / 19,500

9081 관세사에게 필요한 이탈리아어 단어 빠르게 익히기
저자 최단시간외국어연구회 / 19,500

9082 일본 관련 사업을 하는 중개사를 위한 효율적인 일본어 듣기법
저자 최단시간외국어연구회 / 19,500

9083 일본 취업 준비생을 위한 일본어 리스닝과 단어 실력 빠르게 올리는 방법
저자 최단시간외국어연구회 / 19,500

9084 관세사에게 필요한 중국어 빠르게 습득하는 법
저자 최단시간외국어연구회 / 19,500

9085 누적과 예측을 통한 영어 말하기와 듣기 해답_ 해외진출자를 위한 책
저자 최단시간외국어연구회 / 19,500

9086 스페인어를 공부해야 하는 대학생들이 빠르게 단어를 숙지하는 법
저자 최단시간외국어연구회 / 19,500

9087 취업 준비 대학생은 인생 자격증으로 공인중개사 시험에 도전하라
저자 자격증수험연구회 / 19,500

9088 고경력 은퇴자에게 공인중개사 시험을 강력 추천하는 이유와 방법론
저자 자격증수험연구회 / 19,500

9089 효율적인 4개 국어 학습법과 외국어 실력 올리는 방법
저자 최단시간외국어연구회 / 19,500

9090 여성들의 미래대안 공인중개사 시험 도전에 필요한 공부 가이드
저자 자격증수험연구회 / 19,500

9091 해외파견근무직원들이 이탈리아어 단어 빠르게 익히는 방법
저자 최단시간외국어연구회 / 19,500

9092 영어 귀가 뻥 뚫리는 리스닝 훈련법
저자 최단시간외국어연구회 / 19,500

9093 열성아빠를 위한 민사고 졸업생의 생활팁과 우수 공부비법
저자 교육연구회 / 19,500

9094 유초등 아이 키우는 열정할머니를 위한 민사고 생활팁과 공부가이드
저자 교육연구회 / 19,500

9095 심리상담사가 일본어를 쉽게 배울 수 있는 노하우와 팁
저자 최단시간외국어연구회 / 19,500

9096 법조인을 위한 들리는 소리에 집중하는 외국어 리스닝과 단어 훈련법
저자 최단시간외국어연구회 / 19,500

9097 관세사를 위한 문법 상관없이 받아 듣고 적는 외국어 학습법
저자 최단시간외국어연구회 / 19,500

9098 민사고에 진학할 똑똑한 중학생을 위한 민사고 공부팁과 인생 이야기
저자 교육연구회 / 19,500

9099 해외파견근무직원들을 위한 프랑스어 단어 쉽게 배우기
저자 최단시간외국어연구회 / 19,500

9100 해외파견근무직원들이 일본어를 쉽고 빠르게 공부하는 방법
저자 최단시간외국어연구회 / 19,500

수학연구사 Book List

9101 대학생들이 이탈리아어 단어 쉽고 빠르게 익히는 법
저자 최단시간외국어연구회 / 19,500

9102 뷰티 화장품 업계에서 알면 좋을 스페인어 단어 쉽게 익히기
저자 최단시간외국어연구회 / 19,500

9103 민사고 진학에 갈등을 느끼는 딸바보 아빠를 위한 인생 조언과 공부법
저자 교육연구회 / 19,500

9104 유튜버를 위한 영어 리스닝과 스피킹 실력 빠르게 올리는 법
저자 최단시간외국어연구회 / 19,500

9105 해외파견직들을 위한 문법 없이 어학 공부하는 방법
저자 최단시간외국어연구회 / 19,500

9106 변리사가 프랑스어 단어를 쉽고 빠르게 배우는 법
저자 최단시간외국어연구회 / 19,500

9107 법조인이 알면 좋을 중국어 스피드 습득법
저자 최단시간외국어연구회 / 19,500

9108 임용고시 합격하려면 고시 노장처럼 공부하지 마라
저자 임용고시연구회 / 19,500

9109 임용고시 합격을 위한 조언_ 공부로 생긴 스트레스 공부로 풀어라
저자 임용고시연구회 / 19,500

9110 가맹거래사 시험 법학에 자신이 없는 사람들이 꼭 봐야 할 합격법
저자 자격증수험연구회 / 19,500

9111 가맹거래사 책이 쉽게 이해되지 않는 사람들을 위한 수험전략 가이드
저자 자격증수험연구회 / 19,500

9112 항공 및 공항 업계에서 알면 좋을 이탈리아어 단어 효율 암기법
저자 최단시간외국어연구회 / 19,500

9113 은퇴자를 위한 외국인과 만나는 게 즐거운 영어 리스닝 방법
저자 최단시간외국어연구회 / 19,500

9114 항공과 공항업계인을 위한 일본어 듣기와 단어 청크 단위 학습법
저자 최단시간외국어연구회 / 19,500

9115 유튜버가 프랑스어 단어에 쉽게 접근하고 익히는 법
저자 최단시간외국어연구회 / 19,500

9116 대학생이 필요한 스페인어 청취를 빠르게 습득하는 법
저자 최단시간외국어연구회 / 19,500

9117 해외파견직들을 위한 스페인어 단어 스피드 학습법
저자 최단시간외국어연구회 / 19,500

9118 관세사를 위한 직청직해 소리단어장 다국어 훈련법
저자 최단시간외국어연구회 / 19,500

9119 경비지도사 처음 도전하는 사람들이 꼭 알아야 할 시험 접근법
저자 자격증수험연구회 / 19,500

9120 유튜버가 이탈리아어 단어 효율적으로 익히는 방법
저자 최단시간외국어연구회 / 19,500

9121 관세사가 빠르고 쉽게 일본어 실력 올리는 법
저자 최단시간외국어연구회 / 19,500

9122 영어가 부족한 법조인을 위한 리스닝과 스피킹 효율 학습법
저자 최단시간외국어연구회 / 19,500

9123 미용 뷰티업계에서 알면 좋을 일본어 쉽게 접근하는 법
저자 최단시간외국어연구회 / 19,500

9124 대학생을 위한 외국어 공부법_ 문법은 버리고 소리에 집중하자
저자 최단시간외국어연구회 / 19,500

9125 심리상담사가 스페인어 단어를 효율적으로 배우는 방법
저자 최단시간외국어연구회 / 19,500

9126 대학생을 위한 다양한 외국어 쉽게 접근하게 해주는 가이드
저자 최단시간외국어연구회 / 19,500